Ruth Ammann

Heilende Bilder der Seele

Ruth Ammann

Heilende Bilder der Seele

Das Sandspiel –

der schöpferische Weg
der Persönlichkeitsentwicklung

Kösel

Für meine Mutter
und meinen Vater

CIP-Titelaufnahme der Deutschen Bibliothek

Ammann, Ruth:
Heilende Bilder der Seele : das Sandspiel – der schöpferische Weg der Persönlichkeitsentwicklung / Ruth Ammann. –
München : Kösel, 1989
ISBN 3-466-34219-8

Gesamtherstellung: Kösel, Kempten.
Umschlag: Elisabeth Petersen, Glonn.
Umschlagfoto: Ruth Ammann.
(Das Sandbild eines 40jährigen Mannes zum Zeitpunkt einer entscheidenden Wende in seinem Leben.)
ISBN 3-466-34219-8

Inhalt

Vorwort

Das Sandspiel ist eine Methode, die mit praktischer, schöpferischer Gestaltung im Sandkasten verbunden ist. Der am Sandkasten spielende, ich möchte lieber sagen, gestaltende Mensch, sei es ein Erwachsener oder ein Kind, ist in sein Tun geistig-seelisch-körperlich involviert. Geistig-seelische Kräfte werden so nicht nur aktiviert, sondern auch mit den Händen *körperlich*-schöpferisch umgesetzt, was sich besonders auf intellektuell überbetonte Menschen sehr heilsam auswirkt. Andererseits kann bei Menschen mit psychischen Blockierungen oder ausgetrockneter Imaginationskraft die Arbeit mit den Händen im Sandkasten die seelisch-geistigen Kräfte wieder zum Fließen bringen.

Die therapeutische Methode des Sandspiels wurde von Dora M. Kalff aus dem »Weltspiel« Margareth Lowenfeldts entwikkelt. Im Gegensatz zu anderen Methoden, die nach diesem »Weltspiel« entstanden sind, wie z. B. Charlotte Bühlers »Welttest« oder die sogenannte »Ericamethode«, die in Schweden seit rund 40 Jahren in der kinderpsychiatrischen Diagnostik verwendet wird[1], hat Dora Kalff erkannt, daß die von Kindern oder Erwachsenen erarbeiteten Serien von Sandbildern eine fortlaufende praktische Auseinandersetzung mit dem Unbewußten darstellen, vergleichbar dem analytischen Prozeß anhand von Traumserien oder einer Reihe von aktiven Imaginationen. Durch die Arbeit am Sandkasten wird ein ganzheitlicher psychischer Prozeß in Gang gebracht, der zur Heilung und zur Entwicklung der Persönlichkeit führt.[2]

Diese wechselseitige Beeinflussung von Geist und Körper,

von einer psychischen und einer materiellen Komponente, die im Sandbild zum Zusammenspiel von beidem wird, hat mich von Anfang an bei dieser Methode außerordentlich beeindruckt. Dieses unmittelbare Zusammenspiel zwischen Psyche und Materie kennen wir in der klassischen verbalen Analyse in dieser Weise nicht.

Aus diesem Grunde meine ich, daß die klassische Traumanalyse und das Sandspiel zusammengehören als zwei gleichwertige therapeutische Wege, die jedoch auf verschiedene psychische Voraussetzungen des Analysanden eingehen. Beide Methoden basieren auf der Psychologie C. G. Jungs, da auch Dora Kalff das Sandspiel auf dieser Grundlage aufgebaut hat. Das Sandspiel stellt die notwendige Ergänzung der Traumanalyse dar, da bei ihm die nichtrationale, bildhafte und körperbezogene Seite des Menschen angesprochen wird.

Der Einbezug des Körpers und der nichtrationalen, bildhaften Vorstellungswelt in die Psychotherapien wird meines Erachtens immer wichtiger, da diese Werte gegenüber dem, lange Zeit höher bewerteten logischen Denken wieder stark an Bedeutung gewinnen und auch gewinnen müssen. Diese Einsicht ist unter den Jungschen Analytikern wohl verbreitet, aber in der analytischen Arbeit noch viel zu wenig in die Tat umgesetzt.

Ein anderer Grund, warum wir eine ergänzende Therapiemethode brauchen, liegt darin, daß in unseren Praxen mehr und mehr Menschen mit frühkindlichen, narzißtischen Störungen, sogenannten Urbeziehungsstörungen Hilfe suchen. Dies dürfte seinen Ursprung in der Tatsache haben, daß durch die Überbetonung der zielgerichteten, leistungsbetonten Rationalität in Schulen und Berufsleben die gemütvolle, naturhafte Instinktseite der Menschen, besonders der Mütter verunsichert wird oder verkümmert. Dadurch haben viele Mütter Schwierigkeiten, sich ihrem werdenden oder wachsenden Kind in selbstverständlicher, inniger Bezogenheit zuzuwenden. Dem Kind fehlt die liebevolle Wärme und Geborgenheit, die es ganz besonders in der ersten Lebenszeit braucht.[3]

Ich möchte jedoch hier nicht speziell Mütter oder Väter beschuldigen, denn diese sind wohl selbst ungeborgen und ungewärmt in einer Gesellschaft, wo gegenseitige Anteilnahme und der Sinn für eine tragende, menschliche Gemeinschaft so wenig Beachtung finden.

Für Erwachsene und Kinder mit frühkindlichen Störungen eignet sich das Sandspiel ganz besonders, weil es auf nonverbale Weise zurückführen kann in die tiefliegenden seelischen Schichten der frühen Kindheit.

In meiner Praxis verwende ich die Form der verbalen Analyse und das Sandspiel nebeneinander. Es kann aber auch vorkommen, daß ein Analysand zuerst einen Prozeß im Sand durchläuft und später, nach der analytischen Bearbeitung der Sandbilder, mit einer Traumanalyse weitermacht. Eine andere Möglichkeit ist, daß ein Analysand abwechselnd mit verbaler Analyse und Sandspiel arbeitet. Er hält dann vielleicht besonders wichtige Stationen seines Prozesses in einem Sandbild fest oder bearbeitet einzelne schwierige Themen oder Übergänge im Sand.

Die Methode des Sandspiels hat mich von der ersten Begegnung an besonders angesprochen. Einerseits wohl, weil der bildhafte, gestalterische Ausdruck mir sehr liegt, weil ich selbst gerne meine Hände brauche. Andererseits auch, weil mir der feine Gebrauch der Sinne in der differenzierten Wahrnehmung eines anderen Menschen ohne Worte sehr früh auf eindrücklichste Weise von meinem Großvater, der Kinderarzt war, gezeigt wurde. Ein Erlebnis hat sich mir besonders eingeprägt: Mein Großvater hatte auch ein Konsultationszimmer in seinem Hause, wo er gelegentlich Patienten empfing. Als kleines Mädchen beobachtete ich einmal durchs Schlüsselloch, wie er einen kranken Säugling untersuchte. Er beobachtete das Kind sehr genau von allen Seiten, er tastete es ab, er hörte es ab, und zuletzt, zu meinem großen Erstaunen, roch er an ihm. Etwas später fragte ich ihn, was er denn da gemacht hätte. Er antwortete: »Kleine Kinder können nicht sagen, wo es ihnen weh tut. Da muß ich alle meine Sinne gebrauchen, um herauszufinden, woran das Kind erkrankt ist.«

Diese kleine Episode war für mich sehr wesentlich, und ich habe während meines Psychologiestudiums oft an meinen Großvater zurückgedacht, den ich nicht nur als einen sehr sorgfältigen Beobachter erlebt hatte, sondern auch als Menschen mit großem Respekt vor der Natur und tiefem, religiösem Vertrauen in die Natur um uns und in uns.

Auch in einer Psychotherapie gibt es das »kleine Kind« in Erwachsenen und Kindern, das nicht sagen kann, »wo es weh tut«. Da müssen wir beobachten, im übertragenen Sinn riechen und uns herantasten an das verborgene Leiden.

Aus Gründen der Diskretion und weil es den Umfang dieses Buches sprengen würde, ist es mir nicht möglich, komplette Sandspielprozesse darzustellen; deshalb möchte ich in den Fallbeschreibungen vor allem auf die Punkte hinweisen, die mir besonders wichtig und typisch für das Sandspiel erscheinen. Ein großer Vorteil ist ja, daß Sandbilder fotografiert werden können, und somit psychische Vorgänge für den Leser sichtbar werden. Dennoch wird es schwierig sein, seelische Prozesse für den Außenstehenden verständlich und einfühlbar zu machen, denn gerade da kann man sagen, daß nur derjenige wirklich verstehen kann, der Ähnliches schon erlebt hat.

Ich möchte noch darauf hinweisen, daß wir in der Analytischen Psychologie, also der Psychologie C. G. Jungs, Menschen, die in unsere Praxis kommen, Analysanden nennen. Das bedeutet im ursprünglichen Sinne, daß diese eine verbale Analyse machen. Ich verwende aber die Bezeichnung für alle Erwachsenen in meiner Praxis. Wenn ich sage »der Analysand« und nicht »die Analysandin«, hat das nichts Diskriminierendes an sich. Mir scheint die Bezeichnung »der Analysand« neutral, verwendbar für Frauen und Männer, wenn es sich nicht um eine bestimmte Person handelt.

Der Verlag und ich sind übereingekommen, daß es richtig sei, dieses Buch auch für die Leser verständlich zu machen, die über kein großes Fachwissen verfügen. Ich bemühe mich, einfach zu schreiben, unumgängliche Fachbegriffe werden am Ende des Buches erklärt (siehe S. 175 ff.).

Die therapeutische Methode des Sandspiels habe ich bei Dora M. Kalff in Zollikon erlernt, zuerst in Eigenerfahrung, dann in Sandspiel-therapeutischer Arbeit mit Patienten. Ich verdanke Dora Kalff sehr viel, denn sie hat mich nicht nur in diese außerordentlich wertvolle Methode eingeführt, sondern mir auch sehr viel grundlegend Wichtiges vermittelt in Bezug auf den Verlauf von psychischen Prozessen und die therapeutische Haltung des Analytikers.

An dieser Stelle möchte ich auch vor allem Frau Dr. Hildegard Milberg vom Kösel-Verlag danken für die Anregung zu diesem Buch und für ihre aufbauende und anregende Unterstützung meiner Arbeit.

Ganz besonders danke ich ferner Eva, Maria und Elisabeth, sowie all jenen Analysanden, die mir erlaubten, die Diapositive ihrer Sandbilder zu verwenden, ohne die dieses Buch nicht zustande gekommen wäre. Ebenso danke ich meiner Familie für ihre geduldige und liebevolle Unterstützung, ganz besonders meinem Bruder Peter Ammann, der fachkundig und kritisch meine Arbeit begleitete. Zuletzt danke ich Frau Ruth Tobler, die nicht nur mein Manuskript ins Reine schrieb, sondern mich auch mit ihrem Interesse und Verständnis anregte.

1 Einführung in die Methode des Sandspiels

Die klassische Therapieform in der Psychologie C. G. Jungs ist die Traumanalyse. Dabei findet eine Auseinandersetzung zwischen dem Bewußtsein eines Menschen und dem Unbewußten statt, das sich vor allem in den Träumen, aber auch in Visionen, Imaginationen oder gemalten Bildern manifestiert. Diese Äußerungen des Unbewußten versucht der Analytikerim Gespräch mit dem Analysanden zu erhellen oder zu deuten. Auf diese Weise hilft er ihm, Zugang zu finden zu seinen bisher unbewußten, unbekannten Persönlichkeitsanteilen und auch zu Inhalten aus dem kollektiven Unbewußten, welche die individuelle Situation überschreiten. Auch die Phänomene der »Übertragung« und »Gegenübertragung«, die sich aus der einmaligen Situation der engen Zusammenarbeit zwischen Analytiker und Analysand ergeben, werden bearbeitet. Eine Jungsche Analyse ist immer ein Prozeß, der beide trifft und herausfordert.

Dies geschieht aber hauptsächlich im Gespräch zwischen Analytiker und Analysand, denn die Analyse ist eine *verbale* Therapieform. Es versteht sich von selbst, daß dabei die Persönlichkeit des Analytikers durch die Kraft und Macht des Wortes in einer ganz bestimmten Weise Einfluß nehmen kann auf den Verlauf der Analyse. Auch der Analysand kann seine sprachlichen Fähigkeiten zum Guten gebrauchen, er kann sie aber auch mißbrauchen, um sein eigentliches Wesen dahinter zu verstekken. Die Sprache ist *eine* Möglichkeit des menschlichen Ausdrucks, sie ist vorwiegend mit dem rationalen Bewußtsein verbunden.

Durch die Art, wie ein Mensch zu uns spricht, bekommen wir vor allem Einblick in seine Geisteshaltung, in sein Gedankengebäude. Gefühle sprachlich auszudrücken ist für die meisten schwieriger, es sei denn, sie seien dafür besonders begabt.

Freude und Leid sowie Angst, Wut oder Liebe ergreifen den ganzen Menschen, auch den Körper. Oft reagiert sogar der Körper einige Zeit bevor wir uns bewußt werden darüber, daß eine Emotion uns ergriffen hat, von welcher Art sie ist und wodurch sie ausgelöst wurde. Ein Mensch kann z. B. starr und steif werden vor Angst, sein Körper ist verkrampft, hart, kalt, leblos. Jeder Außenstehende sieht, dieser Mensch hat Angst. Doch der Betroffene hat keine Worte dafür, er kann nicht verbal ausdrücken, was seine Angst ausgelöst hat, denn die Gründe dafür sind ihm unbewußt. Vielleicht aber können seine Hände das »Unbewußte« zu einem Bild formen und so sichtbar oder gar erkennbar machen.

Je tiefer Emotionen und Gefühle in uns verborgen sind, je tiefer unsere Erinnerungen ins Unbewußte zurückgesunken sind oder je ferner vom Bewußtsein ein Persönlichkeitsteil ist, desto weniger finden wir Worte dafür. Wir sind wortlos, doch haben wir andere Ausdrucksmöglichkeiten. Wir können tanzend, singend, malend, gestaltend darstellen, was uns bewegt. Nicht nur über die Sprache finden wir eine Verbindung zu unseren Mitmenschen, sondern auch über den Körper, besonders über unsere Hände. Die Hände bilden die Brücke zwischen unserer Innenwelt und der Außenwelt. Mit den Händen können wir streicheln, liebkosen und schlagen, wir können arbeiten, be-arbeiten, verwandeln, schöpferisch gestalten. Die Hände sind Mittler zwischen Geist und Materie, zwischen innerer Vorstellung und konkreter Schöpfung. Durch die Handlung werden die existenten Energien sichtbar.

Abb. 1: Hände als Vermittler zwischen Geist und Materie.

Diese Tatsache, daß durch schöpferisches Gestalten, mit den Händen die in der unbewußten Tiefe der Seele wirkenden Kräfte sichtbar und damit auch erkennbar gemacht werden können, und daß über die Hände Innen und Aussen, Geist und Materie zusammengebracht werden, liegt der therapeutischen Methode des Sandspiels zugrunde. Beim Sandspiel wird vor allem gehandelt, wenig gesprochen, besonders nicht unmittelbar und rational interpretiert. Im schützenden, das Geschehen haltenden Rahmen des Sandkastens, der die Größe von ca. 50 × 70 cm hat, gestaltet der Analysand mit trockenem oder feuchtem Sand und vielen, ihm zur Verfügung gestellten kleinen Figuren seine persönliche Welt, so wie sie zu diesem Zeitpunkt in ihm konstelliert ist; er gestaltet seinen persönlichen Mikrokosmos (siehe Abb. 2). Die Figuren stehen für die Kräfte, die in ihm wirksam sind.

Abb. 2: Mikrokosmos, Sandbild einer 42jährigen Frau.

Der Analytiker verhält sich dabei beobachtend, er skizziert das Sandbild, fotografiert es später auch. Er läßt den Analysanden erzählen, was ihm zu dem Bild in den Sinn kommt, was ihn bei der Gestaltung bewegt oder gar erschüttert hat. Er betrachtet zusammen mit dem Analysanden das Sandbild sehr sorgfältig, hält vielleicht fest, was er darin *sieht, interpretiert es aber zu diesem Zeitpunkt nicht*. Denn wichtig ist, daß der Analysand das Bild seines Mikrokosmos, *seiner Welt*, nach der Stunde innerlich mitträgt. Dort wirkt es emotional nach bis zur nächsten Stunde, wo er wieder ein neues gestaltet. Das Sandbild wird vom Analytiker nach der Stunde aufgeräumt, es soll nicht bestehen bleiben in der äußeren Welt.

Es wäre nicht richtig, das Sandbild unmittelbar nach dem Entstehen zu interpretieren, weil dann die Gefahr besteht, daß es intellektuell fixiert wird und die nachwirkenden emotionalen und gefühlsmäßigen Strömungen abgebrochen werden. Der Analysand sagt dann: »Aha, das ist es, das ist meine Situation!« Das *ist* es aber noch nicht, es *wird* erst etwas Neues. Die einzelnen Sandbilder stellen nur Stationen dar in einem langen, psychischen Wandlungsprozeß, der auf keinen Fall durch Interpretationen gestört oder blockiert werden darf. Die Kunst des Analytikers besteht in dieser Phase der Therapie darin zu erkennen, was im Analysanden vorgeht, den Prozeß zu schützen und zu unterstützen, im Notfall einzugreifen, vor allem aber, nur gerade so viel an Kommentar einzubringen, daß der Prozeß im Analysanden im Gange bleibt. Mit einem Bilde gesagt: der Analytiker sorgt dafür, daß das Feuerchen unter dem Kessel, in dem der seelische Prozeß des Analysanden kocht, nicht ausgeht, aber auch nicht zu heftig brennt, so daß der Inhalt des Kessels überkocht oder verdirbt.

Ich möchte allerdings hinzufügen, daß eine ähnlich sorgfältige Haltung des Analytikers auch bei der verbalen Analyse am Platz ist. Auch dort darf nur so viel interpretiert werden, daß sich der Analysand nicht überfahren fühlt, sondern unterstützt und gefördert in seinem Prozeß.

In bezug auf die Interpretation scheint es mir beim Sandspiel verschiedene Möglichkeiten zu geben. Diese leiten sich von der Art des therapeutischen Vorgehens ab. Nach meiner Erfahrung gibt es zwei grundsätzlich verschiedene Arten des Prozeßverlaufes: den *heilenden Prozeß* und den *Prozeß der Transformation* der persönlichen Weltsicht.

Der *heilende Prozeß* wird wirksam bei Patienten, die an seelischen Störungen oder Verletzungen leiden, die sich schon vor der Geburt oder in der frühen Kindheit gebildet haben. Sie leiden an einer sogenannten Urbeziehungsstörung, die es ihnen unmöglich macht, in gesundem Vertrauen in die Welt und ihren eigenen Lebensprozeß aufzuwachsen. In diesen Fällen führt der therapeutische Prozeß in die tiefliegenden Erlebnisschichten der frühen Kindheit, die sich dem Bewußtsein und der Verbalisierung entziehen. Die psychische Energie geht dann zurück bis auf den gesunden Seelenkern. Diese Bilder und Kräfte der ungestörten Ganzheit werden durch das Sandspiel belebt und wirksam, und es kommt zu einer Formation der gesunden Basis, auf der ein Neuaufbau der Persönlichkeit möglich wird (siehe Kapitel 7)[4].

Beim heilenden Prozeß erlebt der Analysand die Veränderung in seinem Wesen sehr stark, eine unmittelbare oder in einem späteren Zeitpunkt folgende Interpretation wäre überflüssig oder störend. Dies gilt auf jeden Fall für Kinder und diejenigen Erwachsenen, die über ihren Prozeß keine rationale Bewußtheit erlangen können oder wollen. Bei den anderen, und vor allem bei Studierenden, die sich einer Lehranalyse unterziehen müssen, bin ich der Ansicht, daß es wichtig ist, nach Ablauf eines Wandlungsprozesses, d. h. wenn eine neue Entwicklungsstufe erreicht ist, die Diapositive der Sandbildserie zu betrachten, durchzuarbeiten und zu interpretieren, ganz ähnlich, wie wir es mit einer Serie Träume tun würden. Allerdings habe ich die eindrückliche Erfahrung gemacht, daß viele Analysanden nach Ablauf ihres Prozesses, der allerdings Monate dauern kann, fähig werden, ihre Sandbilder selbst sinnvoll zu deuten. Sie haben die heilenden Kräfte erlebt, die aus ihrem Gestalten resultieren, und dieses Erleben bewirkt inneres Wachstum und Reifung.

Anders verläuft der *transformatorische Prozeß*. Hier handelt es sich um Menschen, die grundsätzlich eine gesunde Lebensbasis und ein stabiles Ich haben, deren Weltsicht aber zu eng, zu einseitig oder krankmachend geworden ist. Sie spüren, daß etwas in ihnen nicht stimmt, sind unruhig, bedrückt, vielleicht sogar depressiv oder krank. Einige spüren auch klar (vielleicht aus ihren Träumen), daß sich eine Wandlung in ihnen anbahnt, oder daß eine Bewußtseinserweiterung notwendig wird, und gehen bewußt in den Prozeß hinein, nicht getrieben von ihrem unbewußten Leiden.

Zu den transformatorischen Prozessen gehören z. B. grundsätzliche Auseinandersetzungen mit dem Schatten (siehe Abb. 3), Wandlungsprozesse im Bereich des Weiblichen (siehe Kapitel 8), Begegnung mit dem Selbst als Gottesbild u. a. Diese psychischen Wandlungen, die die Weltsicht eines Menschen grundsätzlich verändern, setzen ein gesundes Ich-Bewußtsein und Selbstwertgefühl voraus und bilden Stufen im Individuationsprozeß eines Menschen.

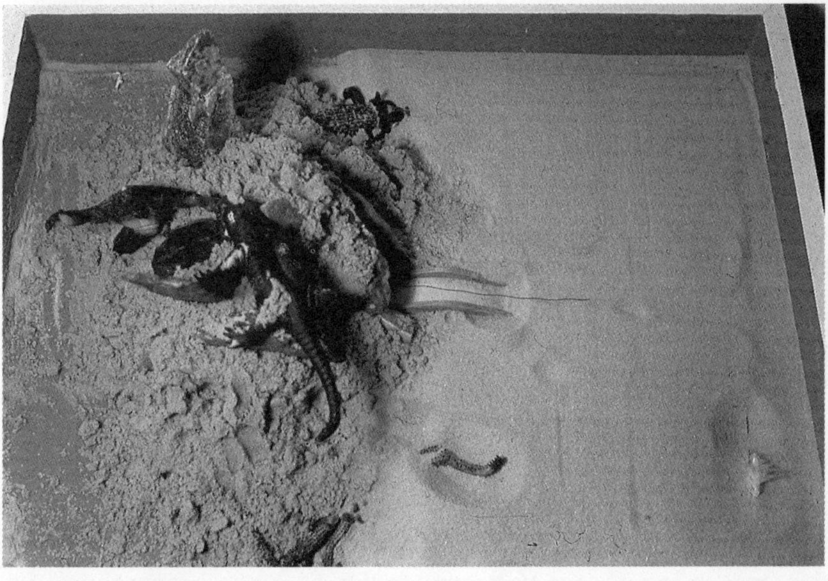

Abb. 3: Sandbild einer 40jährigen Frau. Rechts die helle, glatte, intellektuelle Welt. Der Lebensfaden führt über die Brücke nach links in die aufgewühlte, mit dunklen Ungeheuern besetzte Schattenwelt.

In diesen Fällen wird sich der Analysand mit seinen einzelnen Sandbildern intensiver auseinandersetzen, deren Bedeutung herausarbeiten und bewußt machen wollen. Dann kann der Analytiker auch stärker seine Sichtweise des Bildes einbringen und vorsichtig Interpretationen formulieren. Aber auch da ist Zurückhaltung angebracht, weil wir nicht vergessen dürfen, daß die nicht mehr stimmige Weltsicht zuerst aufgelöst und zurückgelassen werden muß, damit sich eine neue formieren kann. Von der Gestalt dieses Neuen hat der Analytiker wohl durch lange Erfahrung eine Ahnung, doch sollte er niemals durch unvorsichtiges Interpretieren eine ganz andere, unvorhergesehene Lösung behindern. Nach Abschluß des Prozesses scheint mir auch in diesen Fällen eine sorgfältige Durcharbeitung der Diapositive sehr wichtig.

Beim Sandspiel geht also der ganzheitliche, Psyche und Körper einbeziehende Wandlungsprozeß durch schöpferisches Gestalten mit den Händen vorwiegend nonverbal voran und wird erst nach seiner Vollendung entsprechend den Erkenntnissen der Analytischen Psychologie verbal interpretiert. Deshalb würde ich nach meinem Verständnis die Methode des Sandspiels nicht grundsätzlich als nonverbal bezeichnen.[5] Aber es gibt, wie gesagt, im Verlauf einer solchen Therapie deutlich verschiedene Phasen. Voran geht die nonverbale, nichtinterpretative, gestalterische Phase, während der der Analytiker eine schützende, haltende, nonverbal verstehende Haltung einnimmt. Er konzentriert sich vollständig auf den Prozeß seines Analysanden und vermittelt diesem durch das, was er, der Analytiker, ist, und nicht durch das, was er redet, sein Vertrauen in den Selbstheilungsprozeß der Psyche. Diese stillen Perioden in einer Therapiestunde, wo nichts gesprochen wird, sind außerordentlich schön und wertvoll. Es ist nicht eine Verlegenheitsstille, sondern ein bewußtes Schweigen.

Analytiker und Analysand wenden sich gemeinsam der inneren Welt des Analysanden zu und sind sich in diesem Moment sehr nahe.

In der nachfolgenden Phase der analytischen Bearbeitung der Sandbild-Diapositive nimmt der Analytiker eher die Haltung eines Diskussionspartners ein, der dem Analysanden hilft zu erkennen, zu ordnen, zu interpretieren, alles mit dem Ziel, die Botschaft der Bilder mit dem Erleben des Analysanden in Verbindung zu bringen.

Man könnte diese beiden verschiedenen therapeutischen Haltungen des Analytikers mütterlich und väterlich, oder matriarchal und patriarchal nennen. Kathrin Asper unterscheidet eine mutterspezifische und eine vaterspezifische therapeutische Haltung[6]. Ich möchte für mich diese Unterscheidung nicht so benennen, weil damit immer auch geschlechtsspezifische Rollen angesprochen werden. Ich fühle mich als Analytikerin weder mütterlich noch väterlich, sondern immer als Frau. Allerdings wird meine Einstellung dem Analysanden und seinem Prozeß gegenüber unterschiedlich gewichtet. Während der gestalterischen Phase werden bei mir mehr die instinkthaften, körperlichen Kräfte wirksam, die auf feiner sinnlicher Wahrnehmung beruhen, auch auf dem Körpergefühl und der Intuition und auf empathischer, emotionaler Verbindung zum Analysanden. Dies geschieht nicht unbewußt, sondern durch bewußte Hinwendung zu dieser mehr rezeptiven, den Menschen ganzheitlich erfassenden Haltung. Beim nachfolgenden analytischen Verarbeitungsprozeß werden mehr die klar unterscheidenden, ordnenden Kräfte eingesetzt, der Verstand und auch das Gefühl als subjektive wertende Funktion.

Wohl am besten kann man die beiden unterschiedlichen Haltungen mit den verschiedenen Funktionen der beiden Hirnhemisphären verdeutlichen[7]. Die rechte Hemisphäre, (die sich auf die linke Körperseite auswirkt), arbeitet mit ganzheitlichen, nonverbalen Vorstellungsbildern und spielt eine große Rolle bei der Verarbeitung emotionaler Informationen. Wichtig scheint mir auch die Erkenntnis, daß das Körperbild in der rechten Seite angesiedelt ist.[8]

Die linke Hemisphäre, (die sich auf die rechte Körperhälfte auswirkt), ist sprachorientiert und mit dem logischen, zielgerichteten Denken verbunden. Sie arbeitet rational und analytisch.

So meine ich, daß bei den verschiedenen therapeutischen Haltungen einmal mehr die Funktion der rechten Hemisphäre zum Zuge kommt und einmal mehr die Funktion der linken. Keine der beiden ist besser oder schlechter, sie resultieren aus verschiedenen Einstellungen, bezogen auf verschiedene Erfordernisse im therapeutischen Prozeß. Bei den Prozessen, in denen eine Transformation der Weltsicht angestrebt wird, werden beide Einstellungen mehr oder weniger gleichzeitig und ausgewogen gebraucht.

An dieser Stelle möchte ich kurz erwähnen, daß sich der ausgewogene Gebrauch der beiden Hirnhälften nicht nur positiv für den Analysanden auswirkt, sondern auch sehr wesentlich ist für die geistig-seelisch-körperliche Gesundheit des Analytikers. Ich habe die Erfahrung gemacht, daß ich an Tagen, an denen sich Sandspieltherapien und klassische Traumanalysen abwechseln, viel weniger müde oder erschöpft werde als an Tagen, an denen eine verbale Analyse der anderen folgt. Das ist einer der Gründe dafür, weshalb ich es begrüßen würde, wenn der Methode des Sandspiels unter den Jungschen Analytikern mehr Beachtung geschenkt würde. So fänden nicht nur gelegentlich gemalte Bilder in der verbalen Analyse Verwendung, sondern es stünde eine eigentliche Methode zur Verfügung für Prozesse, die eine

Behandlung auf der nonverbalen, bildhaft-gestalterischen und emotionalen Ebene verlangen.

Wenn wir nun kurz vom Analysanden her die beiden Zugänge zum therapeutischen Prozeß und ihre Rückwirkung betrachten, sehen wir folgendes: In der ersten, gestaltenden Phase wird er weggeführt vom kritischen, rationalen Bewußtsein. Das intellektuelle, nicht auf die Realität bezogene Denken, zu welchem viele Menschen erzogen wurden und dem sie oft in negativem Sinne verfallen sind, wird beim Sandspiel gerade nicht angesprochen, sondern durch die Methode selbst vermieden. Belebt werden hingegen die bildhafte Imaginationskraft und die Realitätsfunktion, nämlich die Sinne, vor allem der für die Menschen sehr wichtige Tastsinn. Die Imaginationskraft und die Realitätsbeziehung verbinden sich unter Aktivierung von Emotionen und Gefühlen zur Gestalt des Sandbildes. Das feine Zusammenspiel von Imagination, Körper, Materie und Emotionalität werde ich im 4. Kapitel über die Imagination näher ausführen.

In der zweiten Phase, der nachfolgenden analytischen Bearbeitung der Sandbilder, wird beim Analysanden die Beobachtungsgabe aktiviert, er muß die einzelnen Figuren in ihrer Position und gegenseitiger Bezogenheit festhalten, diese Informationen aber dann gefühlsmäßig und denkerisch auswerten und verarbeiten. Diese Art von Denken ist nun nicht realitätsfremd oder fremdbestimmt durch Meinungen anderer, sondern bezogen auf das, was im Bild wirklich vorhanden ist und was der Analysand dabei wirklich erlebt hat.

Die Erfahrung zeigt, daß das Sandspiel den Analysanden auf allen Ebenen seines Seins aktiviert, ihn mit seinen bewußten und unbewußten Seiten konfrontiert und ihm zugleich, in förderndem oder zurückbindendem Sinne, seine Möglichkeiten und Fähigkeiten zur Entwicklung weist.

Sicher ist, daß der Analysand bei dieser Methode als Ganzer, psychisch und physisch, in das Geschehen eintreten muß, d. h. mit voller Hingabe an das, was er tut und was mit ihm geschieht. Er spielt ja ein sehr ernstes und bedeutungsvolles Spiel, er gestaltet auf konzentriertem Raum seine Welt. Die Bezeichnung »Weltspiel« für diese Therapiemethode wäre auch sehr zutreffend, doch drückt »Sandspiel« als das »Spiel mit dem Sand« insofern die Verbindung zur Psyche sehr schön aus, als der Sand in trockenem Zustand die fließenden, rieselnden Eigenschaften des Wassers hat und in feuchtem Zustand fest und formbar ist wie Erde. Fließende Energie in der Bewegung und ruhende Energie in der gefundenen Form prägen aber auch das seelische Leben in mehr oder weniger harmonisch schwingendem Wechsel. Es gibt Zeiten, in denen wir unruhig suchend sind, wo die Steine unseres Persönlichkeitsgebäudes nicht mehr wohlgefügt aufeinanderstehen, wo unsere Wertvorstellungen wanken, sich wandeln. Dann sind wir innerlich oder äußerlich unbehaust, alles ist in Bewegung, wir sind wirklich auf der Wanderschaft. Nach diesen Phasen der Unruhe beginnen sich die Dinge aber wieder zu ordnen, unser Seelenhaus wird neu aufgebaut, vielleicht mit neuen Steinen, vielleicht aber auch mit den alten, die neu aufeinandergefügt werden. Wir finden eine neue Lebensform, die uns für eine gewisse Zeit das Gefühl von Ruhe und Ausgeglichenheit gibt – bis in der Tiefe der Seele vom Archetyp des Selbst her wieder eine Veränderung konstelliert und ein neuer Wandlungsprozeß eingeleitet wird.

Dieses Fließen in suchender Bewegung und Formfinden und wieder Fließen und wieder Formfinden der psychischen Energie läßt sich wohl mit keinem anderen Material als mit Sand so treffend darstellen. Sand und Psyche haben etwas Gemeinsames.

Ich habe bereits darauf hingewiesen, daß der am Sandkasten

gestaltende Mensch in sein Tun ganzheitlich einbezogen wird und wir dieses direkte Zusammenspiel zwischen Körper und Psyche in der klassischen Traumanalyse in dieser Art nicht kennen. Wohl ist es auch dort ausschlaggebend für den Erfolg, daß die Erkenntnisse aus der Analyse in der Realität des Alltagslebens umgesetzt werden können. Außer der Bearbeitung der auftretenden Übertragungs- und Gegenübertragungsphänomene, die natürlich unmittelbar in der Analysestunde auftreten können, hat der Analytiker aber relativ wenig direkten Einblick in die äußere Realität des Analysanden. Er ist auf dessen Schilderungen seines Alltagslebens angewiesen, wie auch auf dessen Ehrlichkeit und »Erinnerungsfähigkeit« beim Erzählen der Träume und des dazu gehörenden Kontextes. Es kommt aber immer wieder vor, daß aus moralischen Gründen wichtige Träume vergessen oder beim Erzählen zensiert werden. Abgesehen davon ist es ohnehin beinahe eine Kunst, einen Traum so zu erzählen, daß sich der Analytiker wirklich einfühlen kann, und er nicht auf seinem inneren Bildschirm das Skelett des Traumes mit seinen eigenen Phantasien füllen muß. Das Nacherzählen eines Traumes birgt eben oft die Gefahr, daß die Farbigkeit und Gefühlsstimmung des Traumerlebens nicht genügend miteinbezogen werden, sondern zu schnell auf die Auswertung der Traumbotschaft gedrängt wird.

Beim Sandspiel liegen diese Dinge etwas anders. Die Gefahr der moralischen Wertung ist klein, weil die Analysanden im allgemeinen nicht wissen, wie ein »gutes« oder ein »schlechtes« Sandbild aussehen soll. Aber abgesehen davon hat der Analytiker eben durch seine konzentrierte Präsenz während der ganzen Stunde die Möglichkeit, jedes Detail im Sandkasten und jede Regung des Analysanden zu beobachten. Dies setzt natürlich voraus, daß der Analytiker objektiv und präzise hinhören, hinfühlen und hinsehen kann. Nur so bekommt er genaue Informationen über den Zustand seines Analysanden. Der Analysand gestaltet ja mehr oder weniger unbewußt, und ist sich deshalb oft nicht bewußt, welche Figuren er wo verwendet hat. Wenn der Analytiker versteht, welche unbewußte Befindlichkeit im Bild des Analysanden zum Ausdruck kommt, kann er allein dadurch, daß er auf die einzelnen Figuren aufmerksam macht, sehr viel bewirken. Meines Erachtens ist das gemeinsame, genaue Betrachten des fertigen Bildes durch Analytiker und Analysand sehr wichtig. So gibt sich der Analysand Rechenschaft über das, was er getan hat, und lernt, die einzelnen Elemente in ihrer gegenseitigen Bezogenheit zu sehen. Er versucht, sich in seinem eigenen Weltbild zu orientieren, nicht durch Interpretation, sondern vorerst durch genaues Hinsehen.

Den feinen Gebrauch der Sinne, vor allem eben das genaue Beobachten der Realität, betrachte ich als unerläßliche Voraussetzung für eine sichere Verankerung eines Menschen in dieser Welt, denn die äußere, konkrete Welt hat eine enorme Rückwirkung auf die innere, seelische Welt. Wir sind gewohnt zu denken, daß die innere, seelisch-geistige Welt sich ausdrückt, man kann sagen, inkarniert in der Außenwelt, aber das Umgekehrte gilt genauso. Die vom Menschen geschaffene Umwelt und die Natur wirken zurück auf die Seele. Es ist ein dauernder Austausch zwischen Innen und Außen, zwischen Psyche und Umwelt.[9]

Beispielsweise gibt uns die aufmerksame Beobachtung der Pflanzenwelt, ihres Wesens und Wachstums, die Erkenntnis einer Ordnung und Gesetzlichkeit, die Sicherheit und Orientierung bringt. Das instinkthafte, tiefe Wissen um die im Laufe der Jahreszeiten dauernd sich verändernde Pflanzenwelt, um das Sterben und wieder Ergrünen der Natur, bringt einem Menschen auch Sicherheit in bezug auf sein eigenes vegetatives Leben. Er wird sich z. B. bewußt werden darüber, daß das Wachstum von etwas Werdendem Zeit, Ruhe und Schutz braucht. Ob es sich bei diesem Werdenden um eine schöpferische Arbeit handelt oder um eine Erneuerung der Weltsicht, vielleicht um eine Analyse oder um eine Schwangerschaft, für die, die mit dem Wesen des Wachstums vertraut sind, wird es keine Ungeduld und kein Drängen geben. Sie werden sich dem Werdenden geduldig und aufmerksam zuwenden. Aber steht es nicht gerade mit diesem Wissen und Beachten der Naturgesetze in unserer heutigen Gesellschaft im Argen? Wie viele Frauen erwarten ein Kind und können oder wollen ihm seelisch und körperlich den friedvollen, gesunden Raum nicht geben, den es für seine Entwicklung braucht?

Wie schon gesagt leiden viele Menschen, die bei uns Hilfe suchen, an einer sogenannten Urbeziehungsstörung, d. h. einer sehr frühen, wohl schon in der Zeit der Schwangerschaft beginnenden Störung in der Beziehung zwischen Mutter und Kind. Die Mutter oder eine ständige Bezugsperson stellt aber in der ersten Lebenszeit des Kindes den prägendsten Kontakt zur Welt dar, *sie* ist die Welt für das Kind. Wie kann sie aber ihrem Kind Sicherheit und Vertrauen in die Welt, in sein Leben vermitteln, wenn sie selber keinen guten und vertrauensvollen Bezug hat zu ihrer eigenen Natur?

Mir scheint, daß Unkenntnis und Desinteresse an den Vorgängen in der Natur, zu denen natürlich auch der Lauf der Sonne, des Mondes und der Stand der Sterne gehören, sich sehr negativ auswirken auf das Urvertrauen eines Menschen in sein Leben in dieser Welt. Erscheint es nicht ganz selbstverständlich, daß ein junger Mensch als erstes seine Lebensbasis, nämlich seinen Körper und seine nahe Umwelt, die Pflanzen- und Tierwelt seiner

Heimat betrachten und kennenlernt, bevor er sich abstraktem Wissen und der Technik zuwendet? Ich bin der Ansicht, daß es nicht genügt, sein Kind zu lieben, zu nähren und zu schützen. Eine gute Mutter oder ein guter Vater muß sein Kind vertraut machen mit dem Wesen der »Mutter Natur«, äußerlich und innerlich. Besonders das Vertrauen in die eigene Seele und in den eigenen Körper, das Wissen um Gesundheit und Krankheit und um die eigene Sexualität kann ein Kind niemals in der Schule lernen; dieses Wissen wird ihm durch das Vorbild der Eltern im Alltag vermittelt.

Diese Mißachtung oder gar Verachtung gegenüber den scheinbar selbstverständlichen, unspektakulären Naturprozessen dehnt sich auf schädliche Weise auch auf den menschlichen Körper aus. Der Körper wird dann zur mindergeachteten Schwester des bevorzugten Geistes. Dabei meine ich natürlich nicht den Körper als Ausstellungsstück für Fitneß und Schönheit, sondern den Körper als Teil unserer Ganzheit, der mit der konkreten Dingwelt verbunden und ihren Gesetzen von Werden und Vergehen unterworfen ist.

Man kann sagen, der Körper werde mindergeachtet, man kann aber auch sagen, der Geist löse sich auf unheilvolle Weise von den irdischen, menschlichen Bedingtheiten ab. Man kann diese abgelösten Phantasien oder Geistesflüge in verschiedenen Formen beobachten, z. B. im Drogen- oder Alkoholrausch, beim Theoretisieren ohne Hand und Fuß, im Versinken in ausgedehnte Tagträume oder auch in gewissen psychologischen Praktiken, die auf eine Inflation (Aufblasung) der Persönlichkeit abzielen. Wohl in den meisten Fällen kann man davon ausgehen, daß die Betroffenen versuchen, ihren unbefriedigenden Lebensumständen zu entkommen. Aus diesen Gründen darf weder der Körper als materieller Teil unserer Persönlichkeitsganzheit, noch die konkrete Umwelt in einer therapeutischen Behandlung vernachlässigt werden, sonst besteht die Gefahr einer Spaltung zwischen der abstrakten, geistigen und der materiellen Welt. Denn zwischen der geistigen und der materiellen Welt besteht wie gesagt eine dauernde Wechselwirkung. Die Vernachlässigung der einen bewirkt einen Mangel in der anderen und die sorgfältige Hinwendung zur einen bewirkt eine Bereicherung in der anderen.

Oben habe ich vom Lauf der Sonne und vom Stand der Sterne gesprochen. Daß diese nicht nur in gewissen Märchen sehr wichtig sind, wenn der Held oder die Heldin bei Sonne, Mond und Sternen Hilfe und Orientierung sucht, möchte ich an einem kleinen Beispiel erläutern. Ein neunjähriger Knabe, der zu mir in die Therapie kam, litt unter anderem an großen Ängsten, weil er fürchtete, er würde sich in der großen Stadt, wo ich meine Praxis habe, verirren und den Weg nach Hause nicht mehr finden. Natürlich waren seine Ängste auch, aber nicht nur, Ausdruck für seine innere Verlorenheit. Ich zeichnete ihm einen ungefähren Plan der Stadt in den Sand. Dann legten wir das Kreuz mit den vier Himmelsrichtungen darüber. Er verstand, daß sein Elternhaus östlich lag von meiner Praxis. Wie aber sollte er wissen, wo Osten ist? Wir beobachteten und besprachen die Eigenschaften der vier Jahreszeiten und den Lauf der Sonne über einen Tag und bezogen auf die wechselnden Jahreszeiten. Sehr bald lernte der Knabe auszumachen, wo Süden liegt und davon abgeleitet natürlich auch Osten. Aber in der Nacht, wenn die Sonne nicht schien? Er beobachtete und lernte dies nun mit seinem Vater, daß es einen bestimmten Stern gibt, der ihm immer zeigt, wo Norden ist. Diese Erfahrungen mit der Sonne und den Sternen gaben ihm eine große Erleichterung und wachsende Sicherheit für seine kleine Persönlichkeit in dieser doch sehr großen Welt.

Dieses Beispiel scheint vielleicht recht unbedeutend, doch wie viele Erwachsene wissen, in welche Himmelsrichtung ihr Wohnzimmerfenster zeigt? Welche Pflanzen, Vögel, Insekten ihren Garten bewohnen? Und wie viele kennen den Garten ihrer Seele?

Ein Sandbild ist auch eine Art Seelengarten, wo Innen und Aussen zusammenkommen. Hier kann ein Mensch im geschützten Raum lernen, die Wechselwirkung zwischen innerer und äußerer Welt zu beobachten und zu erkennen.

Um die außerordentliche Bedeutung der Natur für die Seele des Menschen noch einmal zu unterstreichen, möchte ich Laurens van der Post, den großen Schriftsteller und Kenner der äußeren und inneren Natur zitieren:

Eine Untersuchung der Geschichte Europas, der Zivilisation, der die meisten unserer Werte entstammen, zeigt, daß mit der Zeit eine katastrophale Spaltung in der menschlichen Kultur entstanden ist. Je rationaler wir wurden, desto mehr haben wir den Kontakt mit jenem

Abb. 4: Seelengarten. Sandbild einer 42jährigen Frau.

Ur-Vertrauen, »gewußt zu werden« und dem Gefühl der Zugehörigkeit verloren. Diese Spaltung hat den Verlust von Sinnhaftigkeit in unserem Herzen und in unserem Geiste heraufbeschworen.

Und weiter schreibt er:

Eine Quelle großer Mißverständnisse in der modernen Welt ist die Vorstellung, alles in uns sei subjektiv, und die wahrhaft objektive Welt liege außerhalb von uns. Dies ist ebenso absurd wie falsch. Wir haben eine unermeßliche objektive Welt in uns. Dies ist die Welt, mit der sich neuerdings die Psychologen in wachsendem Masse beschäftigen. Sie haben bereits herausgefunden, daß die Spaltung, der quasi schizophrene psychische Zustand der heutigen Menschheit auf die Zurückweisung, Vernachlässigung und Ausbeutung dieser inneren Welt zurückgeht, dieser großartigen, objektiven, natürlichen Wildnis in uns, des Gartens unser eigenen Seele.

Der vielleicht einzige wirklich große Mann, den ich jemals gekannt habe, Carl Gustav Jung, erzählte mir, wie er als Kind zu seinem großen Kummer entdeckte, daß es zwei Bewußtseinszustände in der Welt gibt: einen, den er das natürliche oder Land-Bewußtsein nannte, und ein Stadt-Bewußtsein. Dieses erschien ihm, wie mir heute, von Tag zu Tag unwirklicher, erschreckender und alptraumhafter, und seine Sehnsucht nach einer Rückkehr zum natürlichen oder Land-Bewußtsein wurde immer größer und drängender. »Je mehr ich mit dem erschreckenden Leben der Städte vertraut wurde, desto stärker wurde meine Überzeugung, daß das, was ich da als Realität kennenlernte, gar keine Realität war, sondern eine Verzerrung und Entartung des menschlichen Geistes, die sich selbst als «die Wirklichkeit« ausgab. Ich sehnte mich nach jener Wirklichkeit, die mir, wie es schien, fehlte oder verloren gegangen war. Ich wollte die Vision der Welt als Land zwischen Flüssen und Wäldern verwirklicht sehen, mit Menschen und Tieren, kleinen, von der Sonne beschienenen Dörfern, mit einem darüber hinziehenden Wolkenkranz, mit klaren, dunklen Nächten – eine Welt, in der herrlich ungewisse und unvorhersagbare Dinge geschehen können. Und die uns umgebende Welt der Natur wäre dann die offene Landschaft, nicht einfach ein Ort auf der Landkarte, sondern Gottes Welt, von ihm geordnet und mit geheimer Bedeutung erfüllt.[10]

So schreibt Laurens van der Post über die Auswirkungen, die die Vernachlässigung der äußeren und inneren Natur auf die Seele der Menschen hat. Auch in den Gedanken Jungs, die van der Post zitiert, kommt die Sehnsucht nach dem natürlichen Bewußtsein zum Ausdruck und die Bedeutung, die Jung der von Gott geordneten und mit Sinn erfüllten freien Natur gibt.

Die Einführung ins Sandspiel wäre aus meiner Sicht nicht vollständig ohne die Erwähnung der auffallenden Parallelen zwischen dem Sandspiel und der Alchemie. Seit ich die beiden Bereiche zueinander in Beziehung setzen kann, beschäftigt mich die in beiden Methoden wichtige Verbindung der materiellen, konkreten Durchführung mit der theoretischen, psychologischen Bearbeitung des Prozesses. In der Alchemie nannte man die konkrete Durchführung die »operatio« und die theoretische Bearbeitung »theoria«. Beides verband sich zum »opus«, dem *alchemistischen Werk*. In der Alchemie spielt, ebenso wie im Sandspiel, die Imagination eine große Rolle, die aus dem Zusammenspiel der materiellen, körperlichen mit der psychischen Komponente hervorgeht.

In seinen Erinnerungen[11] beschreibt Jung zu seiner Arbeit an den alchemistischen Texten, wie er sehr bald eine merkwürdige Übereinstimmung sah zwischen der Analytischen Psychologie und der Alchemie. Er machte die Entdeckung, daß die Erfahrungen der Alchemisten mit seinen eigenen Erfahrungen übereinstimmten, und daß die Welt der Alchemisten in einem gewissen Sinne seine eigene Welt war. Damit hatte er das historische Gegenstück zu seiner Psychologie des Unbewußten gefunden, womit diese einen geschichtlichen Boden erhielt. Die Möglichkeit des Vergleichs mit der Alchemie, sowie die Kontinuität bis zurück zu den religiösen Strömungen des Gnostizismus um die Geburt Christi, gaben ihr die Substanz. Durch die Beschäftigung mit den alten Texten fand für Jung alles seinen Ort: die Bilderwelt der Imaginationen, das Erfahrungsmaterial, das er aus seiner Praxis gesammelt und die Schlüsse, die er daraus gezogen hatte, begannen sich damals sinnreich zu ordnen.

An einer anderen sehr wichtigen Stelle[12] schreibt Jung, daß die Alchemie der Psychologie des Unbewußten ganz wesentlich vorgearbeitet hat. Einerseits, indem sie unabsichtlich durch die Anhäufung ihrer Symbolik ein für moderne Symboldeutung außerordentlich wertvolles Anschauungsmaterial hinterlassen hat, andererseits, weil sie durch ihre absichtlichen synthetischen Bemühungen symbolische Prozeduren angedeutet habe, die wir in den Träumen unserer Analysanden wiederfinden. Jung schreibt weiter, daß der gesamte alchemistische Gegensatzprozeß ebensogut den Individuationsweg eines einzelnen Individuums darstellen kann, allerdings mit dem Unterschied, daß kein einzelner jemals die Fülle und den Umfang der alchemistischen Symbolik erreicht. Der Vorteil letzterer besteht eben darin, daß die Jahrhunderte sie aufgebaut haben, während der individuelle Fall in seiner kurzen Lebensdauer nur über beschränkte Erfahrung und Darstellungsfähigkeit verfügt.

So wie die alchemistische Symbolik außerordentlich wertvoll ist für die Amplifikation des Traummaterials, ist sie auch hilfreich bei der Deutung der Sandbilder. Ebenso können wir die Parallelen zwischen den einzelnen Stufen im alchemistischen Prozeß und den psychischen Wandlungsprozessen, insbesondere der Individuation, auch für die Arbeit im Sand sehen. Psychische Prozesse verlaufen immer wieder nach ähnlichen, allgemein gültigen Mustern, deshalb finden wir in der Grundstruktur sich gleichende Prozeßverläufe und Symbole in der Traumanalyse und im Sandspiel sowie in der Alchemie, nur drücken sie sich mit verschiedenen Mitteln und Formen aus.

Es scheint mir wichtig, noch einmal auf das alchemistische Werk zurückzukommen, weil hier die wichtigste Verbindung zum Sandspiel zu finden ist. Jung schreibt in »Psychologie und Alchemie« zum alchemistischen Werk:

Die Grundlage der Alchemie ist das Werk (opus). Dieses besteht aus einem praktischen Teil, der eigentlichen ›operatio‹, die wir uns als ein Experimentieren mit chemischen Körpern zu denken haben ... Die tiefe Finsternis, welche die chemische Prozedur deckt, rührt davon her, daß der Alchemist sich zwar einerseits für den chemischen Teil seiner Arbeit interessiert, andererseits diesen aber benützt, um eine Nomenklatur für die ihn eigentlich faszinierenden seelischen Veränderungen aufzufinden ... Die Methode der Alchemie in psychologischer Hinsicht ist die der grenzenlosen Amplifikation. Die ›amplificatio‹ ist stets da am Platze, wo es sich um ein dunkles Erlebnis handelt, dessen spärliche Andeutungen durch psychologischen Kontext vermehrt und erweitert werden müssen, um verständlich zu werden. Daher verwenden wir in der komplexen (analytischen) Psychologie ebenfalls die ›amplificatio‹ in der Traumdeutung; denn der Traum ist für das Verständnis eine zu spärliche Andeutung, welche deshalb durch assoziatives und analoges Material angereichert und bis zur Verständlichkeit verstärkt werden muß. Diese ›amplificatio‹ bildet den zweiten Teil des ›opus‹ und wird vom Alchemisten als ›theoria‹ verstanden.[13]

Die Abbildung 5 verdeutlicht in anschaulicher Weise die beiden zusammenwirkenden Seiten beim alchemistischen Werk. Rechts ist ein praktisch handelnder Mann im Laboratorium zu sehen, er stellt die »operatio«, die praktische Durchführung dar. Links stehen drei Männer, ein Abt, ein Mönch und ein Weltlicher diskutierend zusammen, sie stellen die »theoria«, die theoretische Seite des Werkes dar. In der Mitte steht auf dem Ofen der Dreifuß mit dem alchemistischen Gefäß, dem eigentlichen Zentrum des Geschehens, in dem sich die langsame Wandlung der Substanz vollzieht.

Text und Abbildung scheinen mir die Beziehung zwischen

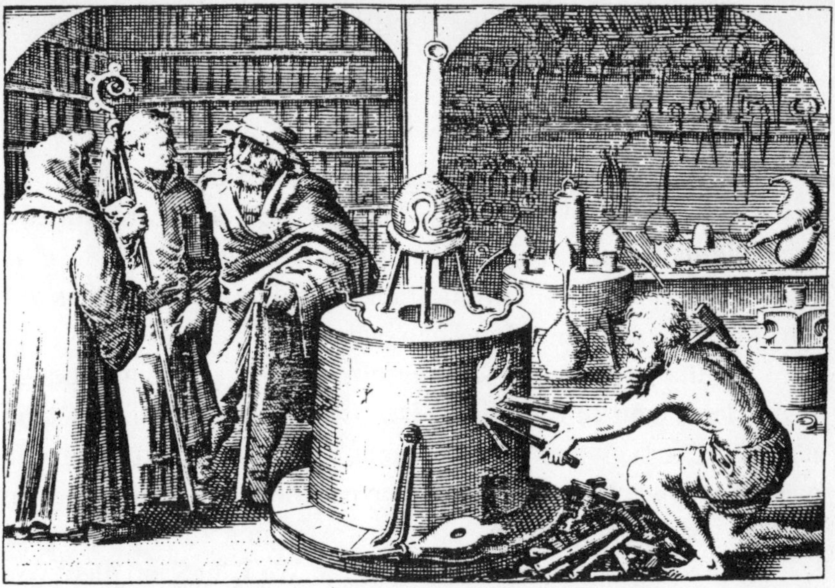

Abb. 5: Historische Darstellung des alchemistischen Werkes. Rechts der praktisch handelnde Mensch (»operatio«), links diskutieren Abt, Mönch und Weltlicher (»theoria«), in der Mitte das alchemistische Gefäß.

Alchemie und Sandspiel klar zum Ausdruck zu bringen. Auch beim Sandspiel fügen sich die »operatio«, die praktische Arbeit am Sandkasten, und die »theoria«,die theoretische Bearbeitung des Geschehens, zusammen. Man hat sich den Sandkasten, im übertragenen Sinn, vorzustellen als das alchemistische Gefäß, in dem sich die Wandlung der psychischen Substanz vollzieht. Es ist der geschützte Ort, eine Art Uterus, Mutterbauch, in dem eine ganzheitliche Erneuerung und Wiedergeburt möglich wird. Diese Erneuerung gestaltet sich über die heilende und transformierende Kraft der Imagination.

2 Die praktische Durchführung

In der Einführung habe ich gesagt, daß beim Sandspiel praktisch gearbeitet werde. Aus diesem Grunde steht im Zentrum des Sandspieltherapieraumes ein Sandkasten, der auf Tischhöhe eine Fläche von ca. 57 × 72 cm umfaßt, was dem Blickfeld des vor dem Kasten stehenden Menschen entspricht. Der Kasten ist etwa 7 cm tief und mit feinem Sand gefüllt. Dies erlaubt ein Arbeiten in die Tiefe und in die Höhe. Der Boden des Kastens ist blau gestrichen, um, wenn es gewünscht wird, die Vorstellung von Wasser zu erwecken. Der Sand kann natürlich auch mit richtigem Wasser vermischt werden, um ihn formbarer zu machen oder z. B. eine Sumpflandschaft herzustellen. Weil der Sand nicht von einer Stunde zur anderen trocknet, ist es gut, wenn man zwei Sandkasten hat, damit immer auch ein trockener Sand bereit steht.

Daneben hat der Analysand eine große Anzahl kleiner Figuren zur Verfügung: Menschen aus verschiedenen Zeiten und in verschiedenen Funktionen, Tiere, Bäume, Pflanzen, Häuser und dazu gehörende Geräte, sakrale Bauten und religiöse Symbole, Brücken, Autos u. a. m., aber auch Steine, Holz, Glaskugeln und farbige Glassteinchen, Muscheln und Rohmaterialien aller Art zur eigenen Herstellung all dessen, was nicht vorhanden ist. Man wird nie alle gewünschten Figuren vorfinden, aber gerade das reizt den Analysanden zur Eigengestaltung. Wichtig ist nicht so sehr die Anzahl der vorhandenen Figuren, sondern ihr Symbolgehalt. Man wird also dafür sorgen, daß nicht nur helle, freundliche, schöne Gegenstände vorhanden sind, sondern auch widerliche, dunkle, böse und furchterregende. Wichtig sind auch Sym-

Abb. 6: Sandkasten im Raum.

bolfiguren aus fremden Kulturen zur Darstellung des ganz »Anderen«, Fremden in der Psyche.

Der Analysand gestaltet nun im Sand genau das, was sich in ihm in dieser Stunde spontan konstelliert. Er ist vollkommen frei zu tun oder zu lassen, was er mag; der Analytiker gibt ihm keine Anweisungen. Er kann Figuren verwenden, wenn es ihm nötig erscheint, doch arbeiten Erwachsene oft nur plastisch mit dem Sand.

Abb. 7: Figuren.

Manche Therapeuten kritisieren die rechteckige Form des Kastens. Sie meinen, er sollte quadratisch oder rund sein, weil diese Formen die psychische Konzentration und Zentrierung fördern würden. Dies wäre aber meines Erachtens ganz falsch. Man denke nur an die ganz verschiedenen Wirkungen, die von einem quadratischen, einem runden oder einem rechteckigen Raum ausgehen. Durch die Ungleichheit seiner Abmessungen löst der rechteckige Raum Spannung, Unruhe, Lust an der

Bewegung, am Vorwärtsschreiten aus. Der quadratische oder runde Raum jedoch bewirkt Gleichgewicht, Ruhe, Konzentration auf die Mitte. Nun könnte man aber den analytischen Prozeß vergleichen mit einer dauernden Suche nach dem Zentrum in einem unzentrierten Raum. Bald steht der Mensch zu weit rechts, bald zu weit links, oder er pendelt zwischen zu hoch oder zu tief (was sich im rechteckigen Sandkasten daran zeigt, daß der Analysand deutlich in die Höhe oder Breite arbeitet), bis er zuletzt sein Zentrum findet, seinen *persönlichen* Kreis im Rechteck des Sandkastens.

An dieser Stelle möchte ich mir einige Gedanken machen zum Raum des Sandkastens. Am Anfang der Stunde findet der Analysand den Kasten neutral vor, nur gefüllt mit dem leicht geglätteten Sand. Wir alle wissen, daß Lebensäußerungen Räume brauchen, um sich zu entfalten. Doch umgekehrt lassen leere Räume auch Leben entstehen, sie verführen den Menschen dazu, den leeren Raum mit Leben zu füllen.[14]

Nehmen wir einfache Beispiele. Wir legen ein leeres Blatt Papier vor ein Kind hin und geben ihm Farbstifte – normalerweise wird es ohne zu zögern anfangen zu zeichnen. Oder geben wir dem Kind einen Sandkasten und Figuren – es wird schnell beginnen, im Sand zu spielen. Es gestaltet Berge und Täler, Seen und Wälder, baut Straßen und Häuser, stellt Menschen und Tiere hinein, bis der leere Raum gefüllt ist mit Leben. Immer vorausgesetzt das Kind darf einfach spielen und wird nicht gezwungen, durch die Darstellung eine Leistung zu vollbringen, dann wird sich der unberührte Sandkasten bald mit den lebendigen Bildern der inneren Welt des Kindes füllen. Diese Bilder sind da, sie wollen hinausfließen, sie brauchen nur einen Raum dazu. Darum werden auch Kinder mit psychischen Schwierigkeiten beinahe magisch angezogen vom Sandkasten im Therapiezimmer.

Es versteht sich von selbst, daß nicht nur Kinder, sondern auch Erwachsene leere Räume jeder Art brauchen, um ihre Phantasie fließen zu lassen und ihre inneren Bilder zu gestalten. Die Enge und Überfülltheit unserer Lebensräume, die keine Veränderung und Neugestaltung zulassen, sind Feinde der Phantasie und des Lebensprozesses. Das gilt nicht nur für die Außenwelt, sondern im übertragenen Sinne auch für die seelischen Lebensräume. Die Köpfe sind überfüllt mit Wissen und Informationen aller Art, die Ohren mit Straßenlärm, Radiolärm und innerem Lärm, die Herzen mit aufgestauten Emotionen und Gefühlen.

Aus diesem Grunde ist es gut verständlich, daß auch Erwachsene sich spontan angezogen fühlen vom unberührten Sandkasten, wo noch alles möglich ist, ganz besonders, weil sie frei und ohne Leistungszwang an die Gestaltung des Bildes herangehen können. Wir dürfen aber nicht vergessen, daß Menschen, die in einer psychotherapeutischen Praxis Hilfe suchen, im allgemeinen eben nicht unbeschwert gestalten können. Oft haben sie Angst vor dem unberührten Sandkasten oder einem leeren Papier, weil ihnen aus der Leere ihre eigenen Schattenfiguren, dämonische Gestalten oder Schreckensbilder entgegenkommen könnten.

Bei narzißtisch gestörten Menschen drohen ihre Größenphantasien ins Unendliche zu wachsen und den Rahmen dessen zu sprengen, was für sie sinnvoll und realisierbar ist. Aus diesem Grunde ist der Sandkasten begrenzt auf eine bestimmte Fläche, die ihm eine menschlich überschaubare Größe gibt und das Ausufern der Phantasien verhindert.

Doch in jedem Fall kann man feststellen, daß der Sandkasten auf Kinder und Erwachsene eine sehr große Anziehungskraft ausübt, weil diese das tiefe menschliche Bedürfnis haben, ihre Welt zu gestalten und darzustellen. Sie spüren auch, daß dieses

Abb. 8: Aus dem Sand kommt ein Schreckensbild entgegen.

Tun schöpferisch ist, ihnen wohltut und heilend wirkt. Aber die meisten haben, zumindest am Anfang, große Angst davor.

Der Sandkasten als Gefäß, in dem die seelische Wandlung stattfindet, kann gleichgesetzt werden mit dem hermetischen Gefäß der Alchemisten, dem »vas hermeticum«. Das Gefäß, der Krater, ist ein weibliches Prinzip und bedeutet ursprünglich ein mit Geist gefülltes Gefäß, das vom Schöpfergott zur Erde gesandt wurde, damit diejenigen, die nach höherer Bewußtheit strebten, sich darin taufen lassen konnten. Es war eine Art Uterus der geistigen Erneuerung und Wiedergeburt. Dieses Eintauchen aber, in ein zunächst Fremdes, erschreckt den Menschen und erweckt Angst in ihm.

Diese Angst überwinden und sich mit Vertrauen in den therapeutischen Prozeß hineingeben kann der Analysand aber nur in dem, was Dora Kalff den »freien und geschützten Raum« nennt. Sie schreibt dazu, bezogen auf das Kind in der Therapie:

Dieser freie Raum in der therapeutischen Situation ergibt sich dann, wenn der Therapeut das Kind völlig annehmen kann, so daß er innerlich ebenso intensiv an allem, was da vor sich geht, beteiligt ist wie das Kind selbst. Wenn dieses spürt, daß es in all seiner Not, aber auch in seinem Glück nicht allein ist, fühlt es sich in seinen Äußerungen frei und doch geschützt. Ein solches Vertrauensverhältnis ist darum so wichtig, weil es unter Umständen die Situation der ersten Phase, diejenige der Mutter-Kind-Einheit, wieder herstellen kann. Damit wird eine psychische Situation des In-sich-Ruhens geschaffen, die gleichzeitig alle Kräfte zur Persönlichkeitsentwicklung, sowohl intellektuelle als auch geistige, im Keim enthält.

Es ist Aufgabe des Therapeuten, diese Kräfte zu erkennen und sie, wie der Hüter eines kostbaren Gutes, in ihrer Entwicklung zu beschützen. Als »Hüter« bedeutet er für das Kind den Raum, die Freiheit und zugleich die Grenzen.[15]

Mir scheint, daß diese sehr schöne Umschreibung der umfassenden, wichtigen Bedeutung, die dem »freien und geschützten Raum« zukommt, im Kern auf die therapeutische Haltung, die der Analytiker gegenüber seinem erwachsenen Analysanden einnimmt, ebenso zutrifft. Hier möchte ich noch einmal festhalten, daß die Form des Sandkastens, die Fläche des Blickfeldes umfassend, ein gutes menschliches Maß hat, das den Analysanden beschränkt, aber auch beruhigt und konzentriert. Gleichzeitig wird es dem Analytiker möglich, die vielfältigen, verwirrenden, sich oft widersprechenden Elemente im Sandbild auf einen Blick zu erkennen und zu ordnen. Die Möglichkeit meiner Konzentration auf dieses Blickfeld schätze ich persönlich sehr, weil einerseits dadurch viel Energie bleibt für die Aufnahme anderer Informationen, wie Zuhören, was der Analysand mir zum Sandbild oder zum Tageserleben erzählt, Erspüren der körperlichen Befindlichkeit des Analysanden oder Nachdenken über den Sinn des Geschehens im Sand. Andererseits habe ich in wichtigen Momenten die Möglichkeit, all meine Energie zu fokussieren auf das, was im Sandkasten vor sich geht, denn dort liegt ja der Brennpunkt des therapeutischen Prozesses und der Beziehung zwischen Analysand und Analytiker.

Warum nehmen wir als Material eigentlich Sand und nicht etwa Tonerde? Eine Analysandin sagte dazu etwas sehr Schönes: »Steine sind uralte Materie. Sand ist durch Zeit gemahlene Materie, ist gleichbedeutend mit Ewigkeit. Sand ist überwundene Materie – beinahe flüssig geworden – vergeistigt.«

In der Tat ist Sand in trockenem Zustand rieselfähig, beinahe flüssig, er ist leicht und hat bei der Berührung mit den Händen etwas Weiches, Zärtliches an sich. Wenn man die Hände durch

Abb. 9: Sandbild eines 35jährigen Mannes, der sehr meditativ arbeitete.

den trockenen Sand bewegt, bleiben wie im Wasser sichtbar Fließformen zurück. Der trockene Sand läßt sich auch blasen, dann ergeben sich zarte Formierungen, die wir gewöhnlich nur im Zusammenspiel von Sand und Wind sehen. Bilder der Wüste werden evoziert (siehe Abb. 9 und 10). Das Spielen mit dem trockenen Sand ist wohltuend, erinnert nicht nur an die Spiele der Kindheit, sondern vielleicht auch an die beglückenden, zärtlichen Berührungen der Mutter oder eines anderen lieben Menschen. Bei manchen Menschen wird aber allein durch das Streicheln des Sandes auch große Trauer ausgelöst, sie weinen erschüttert, weil sie sich plötzlich bewußt werden, welche Sehnsucht nach Streicheln und Gestreicheltwerden sie haben. Die innige, körperliche Berührung zwischen Mutter und Kind spielt ja nicht nur in der frühen Kindheit eine außerordentliche Rolle für das Wohlbefinden und Gedeihen des Kindes, auch im späteren

Abb. 10: Sandbild eines 40jährigen Mannes.

Abb. 11: Sandbild eines 38jährigen Mannes.

Leben sehnen sich die Menschen nach körperlicher Nähe und liebevoller Berührung.

Wenn man den Sand mit Wasser vermischt, wird er immer schwerer und dunkler, er bekommt Erdqualitäten, wird fest und formbar. Aus ihm entstehen Landschaften oder dreidimensionale Gebilde jeder Art (siehe Abb. 11). (Hierzu möchte ich erwähnen, daß Menschen, die ihre Schattenseiten nicht kennen oder nicht wahrhaben wollen, oft Mühe haben, dreidimensional zu arbeiten.) Die Sandplastiken bleiben aber nicht bestehen, sie werden nicht durch das Austrocknen noch fester und beständiger wie z. B. eine Tonfigur. In kurzer Zeit löst sich die Form auf, das Sandbild zerfällt.

Gerade das scheint mir sehr wichtig: Sandbilder sind keine Kunstwerke, die Bestand haben sollen, auch wenn sie im Augenblick sehr schön und eindrücklich sind. Sie sollen in der äußeren

Welt nicht bestehen bleiben, nicht fixiert werden. Es sind sichtbar gewordene Bilder der Seele, jeder Analysand (übrigens auch der Analytiker!) nimmt sie nach der Stunde in seinem Inneren mit. Dort wirken sie nach, wirken ein auf die Psyche, wodurch sich eine Wandlung ergeben kann, die sich dann später in einem weiteren Bild neu manifestiert. Äußerlich zerfällt das Bild, der Sand nimmt wieder seine ursprüngliche Form an, d. h. er wird vom Analytiker nach Weggang des Analysanden wieder in diese gebracht. Man könnte auch sagen, der Analysand finde bei jeder Stunde das Ungestaltete vor, aus dem er ein Stück Welt erschafft. In seiner Seele nimmt er diese, seine Weltschöpfung mit sich, äußerlich fällt sie zurück ins Ungestaltete. Die innere Welt, in die er sein Bild mitnimmt, ist für ihn genauso wirklich wie die äußere Welt, die wir als Dingwelt kennen, tatsächlich ist sie noch wirklicher, denn sie ist unendlich und ewig. Insofern ist der Sand sowohl als Medium zur Darstellung der inneren Welt richtig (wie meine Analysandin sagte ist er »von der Unendlichkeit der Zeit gemahlene Materie, erinnert an die Ewigkeit . . .«), als auch zur Darstellung der äußeren, sich dauernd verändernden, sich aufbauenden und wieder zerfallenden Welt. Die äußere Welt ist außerordentlich wichtig für die Formung des inneren Bildes, aber nur dieses wird in der Psyche wirksam.

Zur eigenen Kontrolle des therapeutischen Prozesses und zur Dokumentation skizziert der Analytiker jedes Sandbild, notiert sich alles Wichtige und macht ein oder mehrere Diapositive davon. Dabei ist es wichtig, daß vom Standpunkt des Analysanden her fotografiert wird, damit man das hilfreiche raumsymbolische Deutungsschema richtig verwenden kann (siehe Seite 81). Ebenso scheint es mir wichtig, daß man den Lichteinfall während des Sandspielens beobachtet und beim Fotografieren durch die richtige Stellung der Fotolampe wiederherstellt, weil es vorkommen kann, daß Figuren, die im Lichtschatten stehen, vom Analysanden auch wirklich als Schattenanteile gemeint sind (siehe Abb. 36). Blitzlicht eignet sich nicht, weil dadurch die für das Erkennen der Strukturen wichtigen Schattenwürfe verwischt werden. Oft ist nämlich die Struktur des Sanduntergrundes ebenso aussagekräftig wie die darauf gestellten Figuren.

3 Warum sind Sandbilder notwendig?

Im vorigen Kapitel habe ich beschrieben, welche Mittel dem Analysanden zum Sandspiel zur Verfügung gestellt werden. Wozu sind diese Bilder aber erwünscht? Wieso möchten wir diese mehrheitlich unbewußten seelischen Bilder und Befindlichkeiten beleben oder wiederbeleben und im Sand sichtbar machen? Damit dies verständlich wird, muß ich zuerst einige Bemerkungen machen zu dem, was wir »das Bewußtsein« und »das Unbewußte« nennen.

Jeder Mensch spürt irgendwann, daß seine Gesamtpersönlichkeit viel mehr umfaßt als den kleinen Teil, den er von sich bewußt kennt. Ebenso verhält es sich mit der gesamten Welt und dem Universum. Je mehr wir davon bewußt wissen, desto mehr erkennen wir, wieviel wir nicht wissen. So wie wir als bewußter Mensch Teil sind vom Kosmos, so ist auch unsere unbewußte Seite verwoben mit dem kollektiven Unbewußten.

Die meisten Menschen erkennen an sich oder an den anderen, daß es verschiedene Arten von Bewußtsein gibt. Wir kennen das nüchterne, emotionsarme Bewußtsein, das sich vor allem aus eindeutig erfaßbaren Fakten zusammensetzt und in zielgerichteten logischen Gedanken äußert. Es ist das *rationale Bewußtsein*.

Wir kennen aber auch ein schwerer zu beschreibendes Bewußtsein, das sich mehr in Bildern, Emotionen, Gefühlen und Ahnungen bewegt, nicht nüchtern eindeutig ist, sondern vieldeutig und fließend. Diese Art von Bewußtsein ist nicht linear zielgerichtet, sondern es sucht in langsamer großräumiger Verwebung die vielfältigsten Informationen aus der Außenwelt und der Innenwelt wahrzunehmen und zu einem Gesamtbild zu formen. Ein solches Bewußtsein wirkt vielleicht unklar und diffus, muß es aber durchaus nicht sein. Das Ich eines Menschen kann in diesem Bewußtseinszustand sehr ruhig und stabil sein. Doch braucht es viel mehr Zeit, Geduld und Einfühlungsvermögen, um einem Menschen, der in dieser Art Bewußtseinszustand lebt, zuzuhören und ihn zu erfassen.

Man sagt oft den Frauen nach, ihr Bewußtsein sei vieldeutig oder diffus und ihr Denken unlogisch. Dies mag zutreffen, ist aber keineswegs negativ zu bewerten. Diese Art von breitflächiger, webender Erfassung der Dinge ist viel farbiger, vielfältiger und umfassender. Zwischen- und Nebentöne können gehört, verlorene Gedanken wieder mitgenommen und neuaufkommende Ahnungen erfaßt werden. Dieses *bildhafte, imaginative Bewußtsein* liegt näher am Unbewußten, dem schöpferischen Urgrund der Seele, ist daher spontaner, bewegter und lebendiger als das rationale faktenbezogene Bewußtsein.

Im Weiteren erleben wir auch ein *Körperbewußtsein*, das am schwierigsten durch Worte zu beschreiben ist. Man kann richtigerweise eine Bewußtseinsebene nur mit dem ihr eigenen Ausdrucksmittel ansprechen. Das Körperbewußtsein kann treffend nur über den Körper erlebt und dargestellt werden, sehr offensichtlich im Tanz, versteckter im Alltag beim Erleben und Bewegen des Körperlichen. Zum Körperbewußtsein gehört auch das sehr subtile Netz der Wahrnehmungs- und Ausdrucksmöglichkeiten der Instinktsphäre. Zum Beispiel erleben wir dieses Körperbewußtsein in einer intimen Liebesbeziehung oder in der frühen Mutter-Kind-Beziehung, wo dieser ganz feine, nicht verbale und nicht bildhafte Austausch von Körperenergien stattfindet. Nicht umsonst trägt die Mutter oder der Vater das Kind ans Herz und an den Bauch geschmiegt, denn dort in der

Bauchgegend erleben wir auch das Zentrum des Körperbewußtseins.

Die beschriebenen verschiedenen Arten von Bewußtsein sind bei manchen Menschen voll entwickelt, d. h. bewußt verfügbar. Bei andern sind sie vorbewußt, unbewußt, verkümmert, verletzt, in jedem Fall nicht voll verfügbar, meistens aber entwicklungsfähig. In der therapeutischen Methode des Sandspiels werden zuerst in der gestalterischen Phase das Körperbewußtsein und das bildhafte, imaginative Bewußtsein angesprochen und entwickelt, später in der Interpretation der Bilder auch das rationale.

Was aber verstehen wir unter dem *Unbewußten*, das oft auch das »Unterbewußtsein« genannt wird? Das Unbewußte besteht nicht aus dem »Unterbewußten«, d. h. aus etwas, das unter unserem Bewußtsein liegt, obschon wir oft damit umgehen, wie wenn es minderwertig wäre oder her-unter-getan, unter-drückt werden müßte. Das Unbewußte kommt uns von überall her entgegen, aus der Materie, deren Geist wir nicht kennen, aus unserem eigenen Körper und unserer Psyche, deren Wesen wir nicht erspüren und durchschauen, aus dem Weltgefüge, dessen Zusammenhänge und Gesetze wir nicht erkennen, und aus der kollektiven Seele, deren unbewußte Seite wir das kollektive Unbewußte nennen. Wie der Begriff sagt, ist das Unbewußte all das, was uns nicht bewußt ist und von dessen Existenz wir vielleicht nur eine leise oder gar keine Ahnung haben. Deswegen ist es aber doch da und wirkt.

Wieviele Dinge für einen Menschen nicht vorhanden sein können, weil sie ihm unbewußt, objektiv aber doch existent sind, soll ein kleines Beispiel aus meiner Praxis beleuchten. Oft sagen meine Analysanden: »Jetzt haben Sie aber viele neuen Figuren gekauft für das Sandspiel, das und jenes habe ich noch nie gesehen, das ist neu!« Meistens muß ich antworten, daß diese

Figuren gar nicht neu sind, sondern schon seit Jahren im Regal stehen. Dann sind meine Analysanden sehr erstaunt darüber, daß Dinge, die objektiv vorhanden sind, für sie nicht da waren, weil sie sie nicht bewußt sahen.

Das heißt, daß ein Mensch nur das, was ihm bewußt ist, innen und außen auch wirklich sehen kann. Jedoch kann eine Bewußtwerdung dadurch eingeleitet werden, daß Eltern, Lehrer oder Therapeuten im richtigen Zeitpunkt auf äußere Realitäten aufmerksam machen. Das ist der Grund, warum ich früher sagte, die genaue Betrachtung des Sandbildes wäre so wichtig, weil dadurch die außen dargestellten Elemente auch psychisch bewußt werden können.

Das Unbewußte ist also ein unendlicher Strom von Wirklichkeiten, die aber von unserem Bewußtsein nicht, noch nicht oder nicht mehr erfaßt werden können. Was zu unserer individuellen Persönlichkeit gehört, gehörte oder gehören könnte, nennen wir das persönliche Unbewußte. Was zur allgemeinen Menschheitsseele gehört, nannte Jung das kollektive Unbewußte. Diese Grundlagenschicht der menschlichen Psyche bildet den Nährboden, die Matrix für das Bewußtsein, in ihm wurzelt es, aus ihm wächst es heraus.

Die seelischen Reaktionen im Menschen, auch seine intellektuellen Tätigkeiten, sind aus diesem Urgrund heraus beeinflußt und energiegespeist von gefühlsbetonten Vorstellungsgruppen, sogenannten Komplexen, die sich um ein Kernelement gruppieren. Bestimmte Komplexe scheinen durch Lebenserfahrung erworben, viele jedoch scheinen jedem Menschen strukturell angeboren, was sich darin zeigt, daß sie ohne Beeinflussung von außen im Menschen der verschiedensten Zeiten und Gegenden ähnliche Emotionen, Gefühle, Vorstellungsanordnungen und Zusammenhänge auslösen. Diese allgemeinen Komplexe, die als dynamische Kernelemente in der menschlichen Psyche funktionieren, nennt Jung Archetypen. Sie sind unter anderem die Erzeuger gleichartiger oder ähnlicher symbolischer Bilder im Geiste der verschiedenartigsten Völker und Kulturen. Auf Grund der Existenz dieser Archetypen und ihrer energetischen Auswirkung auf die Psyche kann man sagen, daß bestimmte menschliche Befindlichkeiten und Prozeßverläufe sich immer in ähnlichen symbolischen Bildern ausdrücken, sei es in der Traumanalyse, im Sandspiel, in Märchen und Mythen oder in der Alchemie.

Wenn man das Unbewußte als Nährboden für das Bewußtsein bezeichnet, muß man aber immer bedenken, daß die persönliche und die kollektive Psyche helle und dunkle Seiten haben, d. h. aufbauende, lebensfördernde und zerstörerische, lebensfeindliche Seiten. Die Inhalte des Unbewußten können einerseits die Ursache für seelische Auflösungserscheinungen sein, wie man sie bei Psychosen beobachten kann, andererseits aber auch einzigartige Heilfaktoren, wie wir es in den Therapien feststellen können. Daher ist es von größter Wichtigkeit, wie der einzelne und das Kollektiv mit diesen Inhalten des Unbewußten umgehen.

Sehr viele Menschen verschließen sich den Einflüssen des Unbewußten, vielleicht aus Angst, sie seien ihnen nicht gewachsen, vielleicht aus Trägheit oder Unwissenheit, vielleicht aber auch, weil die Kultivierung des Menschen ein zielgerichtetes, rationales Bewußtsein braucht und daher gewisse Einflüsse des Unbewußten ausschließen muß. Damit werden aber auch die heilenden, ergänzenden Kräfte ausgeschlossen, die wir zur Gesunderhaltung der Psyche benötigen. Jung formulierte dies folgendermaßen:

> Wir bedürfen der unbewußten Inhalte zur Ergänzung der bewußten. Wäre die Bewußtseinseinstellung nur in geringerem Masse gerichtet, könnte das Unbewußte ganz von selbst einfließen. Ohne Dauerhaftig-

keit, Gleichmäßigkeit und Zielgerichtetheit des Bewußteins aber, wären Wissenschaft, Technik und Zivilisation einfach unmöglich. Das Gerichtetsein ist also eine unbedingte Notwendigkeit für den bewußten Prozeß, bedingt aber unvermeidliche Einseitigkeit. Da die Psyche ein selbstregulierender Apparat wie der lebende Körper ist, so bereitet sich im Unbewußten jeweils die regulierende Gegenwirkung vor. Wäre nun das Gerichtetsein der bewußten Funktion nicht vorhanden, so könnten die gegensätzlichen Einflüsse des Unbewußten ohne weiteres eingreifen. Das Gerichtetsein schließt sie aber eben gerade aus. Dadurch wird natürlich die Gegenwirkung nicht unterdrückt, sie findet trotzdem statt. Ihr regulierender Einfluß aber wird durch die kritische Aufmerksamkeit und den zielbewußten Willen ausgeschaltet, weil die Gegenrichtung als solche zur bewußten Richtung nicht zu passen scheint. Insofern ist die Psyche des modernen Menschen kein selbstregulierender Apparat mehr.[16]

Aus dieser Aussage geht hervor, daß einerseits die Psyche ein selbstregulierender Apparat wäre, wenn die regulierenden Einflüsse des Unbewußten auf natürliche Weise wirksam werden könnten. Andererseits aber braucht die Zivilisation ein dauerhaftes, gleichmäßiges und zielgerichtetes Bewußtsein, das sich mit einer gewissen Stärke und Geschlossenheit den unter Umständen zu diesem Zeitpunkt nicht ins Konzept passenden oder für die Persönlichkeit bedrohlichen Einflüssen des Unbewußten entgegenstellt. Nicht umsonst wurde lange Zeit die linke Hirnhälfte, die eben mit diesem zielgerichteten, logischen Denken verbunden ist, als dominant betrachtet und auch höher bewertet. Die bildhafte, mit der Emotionalität verbundene Vorstellungswelt der rechten Hirnhälfte ist dem Unbewußten näher, ist irrationaler und daher für bestimmte Zivilisationsprozesse unerwünscht.

In diesem Sinne ist die Funktion der rechten Hirnhälfte nicht minderwertig, mußte aber zugunsten des Zivilisationsprozesses zurückgestellt werden. Gewisse Prioritäten sind für die Entwicklung des einzelnen wie für die Menschheitsgeschichte notwendig, aber nur solange sie entwicklungsfördernd sind und nicht hemmend. Sobald aber eine Verhärtung und Stagnation in der Entwicklung eintritt, muß die »andere« Seite wieder miteinbezogen werden. Bildlich gesprochen kann die Menschheit eine Zeitlang auf einem Bein vorwärtshüpfen, um dieses zu trainieren, aber nach einer gewissen Zeit muß sie das andere Bein wieder miteinbeziehen, sonst verliert sie das Gleichgewicht der Ganzheit und wird verkrüppelt.

In der Psyche der meisten Menschen werden zugunsten des bewußten Prozesses sehr viele im Unbewußten latent vorhandene Möglichkeiten gar nicht beachtet; Impulse und Träume, die ja die spontansten Äußerungen des Unbewußten sind, werden nicht wahrgenommen oder verdrängt. Die regulierende Funktion des Unbewußten wird also weitgehend vom Bewußtsein ausgeschaltet, »findet aber trotzdem statt«, wie Jung sagte. Das heißt, vereinfacht ausgedrückt, diese nicht beachteten, aber für das psychologische Gleichgewicht wichtigen Inhalte drücken sich auf eine andere Art aus, vielleicht als Angstzustände, Depressionen oder körperliche Störungen.

Die Störung in der Selbstregulierung der Psyche kann schon sehr früh in der Kindheit ihren Anfang nehmen, obschon Kinder ja noch über wenig kritische Aufmerksamkeit und zielbewußten Willen verfügen und die regulierenden Einflüsse des Unbewußten noch spontan zur Wirkung kommen müßten. Kinder leben aber durch die anfängliche Ununterschiedenheit ihrer inneren und äußeren Welt in einer gewissen Identität mit ihren Eltern (ihrer Familie) und werden oft auch in dieser zurückgehalten. Deshalb werden sie zunächst einmal von der kritischen Aufmerksamkeit und dem zielbewußten Willen ihrer Eltern und den, von diesen dadurch nicht gelebten unbewußten seelischen Inhalten, in ihrer Selbstregulierung gestört. Später kommen die Einflüsse der Schule dazu, die in ihrer Funktion der Kultivierung des Kindes das Gerichtetsein des Bewußtseins fördern *muß*, oft aber »überfördert«. Die Möglichkeit zur Selbstregulierung bestünde aber immer noch in der Freizeit der Kinder, wenn diese dann die spontanen Regungen ihrer Seele leben könnten. Wie es darum steht wissen wir alle, denn allzu oft werden auch diese »regulierenden Tätigkeiten« programmiert, d. h. sie entspringen nicht der individuellen Seele der Kinder, sondern den Köpfen der Erwachsenen.

Aber auch für verantwortungsbewußte Erzieher ist es eine wahrhaft schwierige Aufgabe, die Selbstregulierung von Körper und Seele geschehen zu lassen. Denn darum geht es doch: Erziehung und Beschränkung sind notwendig zur Formung der Persönlichkeit und zur Anpassung an die Umwelt, doch müssen wir trotzdem geschehen lassen können, was aus der innersten Seele des Kindes heraus geschehen will. Das eine zu tun und das andere nicht zu lassen, das ist die schwierige Aufgabe!

Bedenken wir, was Jung über den Archetypus des Kindes schrieb:

> Das »Kind« stellt den stärksten und unvermeidlichsten Drang des Wesens dar, nämlich den, sich selber zu verwirklichen. Es ist ein mit allen natürlichen Instinktkräften ausgerüstetes Nichtanderskönnen. Drang und Zwang zur Selbstverwirklichung ist Naturgesetzlichkeit und daher von unüberwindlicher Kraft, auch wenn der Beginn der Wirkung zunächst unansehnlich und unwahrscheinlich ist.[17]

Hier spricht Jung vom Archetypus, dessen Ausformung viel mehr umfaßt als nur das menschliche Kind. Das »Kind« bedeutet das Neue, das Werdende, auch eine neue Bewußtseinshaltung, eine neue Idee, eine neue Kulturepoche. Zum Beispiel ist das Jesuskind das mit höchster Energie geladene Symbol für das Neue, das Heilende, für eine neue werdende religiöse Kultur.

Aber auch im menschlichen Kind erscheint in individueller Ausformung dieser »unvermeidlichste und stärkste Drang sich zu verwirklichen«, genauso wie später im Leben in jedem Erwachsenen die Kraft des Kindarchetypus wirksam werden möchte. Nur ist diese ungeheuer starke Energie, die zu Entwicklung und Verwirklichung des im Menschen angelegten Potentials drängt, bei vielen Menschen sehr früh verkümmert oder verschüttet worden.

Diesen Prozeß, der die Entwicklung der abgerundeten, reifen, individuellen Persönlichkeit zum Ziel hat, nennen wir in der analytischen Psychologie den Individuationsprozeß. Im Jungschen Sinn hat Individuation nichts mit egozentrischer Individualität zu tun, im Gegenteil. Lesen wir, was Jung dazu schrieb:

> Die Notwendigkeit der Individuation ist insofern eine natürliche als eine Verhinderung der Individuation durch überwiegende oder gar ausschließliche Normierung an Kollektivmaßstäben eine Beeinträchtigung der individuellen Lebenstätigkeit bedeutet. Die Individualität ist aber schon physisch und physiologisch gegeben und drückt sich dementsprechend auch psychologisch aus. Eine *wesentliche Behinderung* der Individualität bedeutet daher eine *künstliche Verkrüppelung*. Es ist ohne weiteres klar, daß eine soziale Gruppe, die aus verkrüppelten Individuen besteht, keine gesunde und auf die Dauer lebensfähige Institution sein kann; denn nur diejenige Sozietät, welche ihren inneren Zusammenhang und ihre Kollektivwerte bei größtmöglicher Freiheit des Einzelnen bewahren kann, hat eine Anwartschaft auf dauernde Lebendigkeit. Da das Individuum nicht nur Einzelwesen ist, sondern auch kollektive Beziehung zu seiner Existenz voraussetzt, so führt auch der Prozeß der Individuation *nicht* in die *Vereinzelung*, sondern in einen intensiveren Kollektivzusammenhang.[18]

Es ist mir wichtig, den Sinn der Individuation klar hervorzuheben, weil man oft der irrigen Vorstellung begegnet, die Jungsche Psychologie würde nur auf sich selbst bezogene Individualisten hervorbringen. Das kann aber niemals das Ziel einer reifen Persönlichkeit sein, denn Verantwortlichkeit in der Beziehung nach innen geht zusammen mit der Verantwortlichkeit nach außen. Außer als Individuum leben wir auch in verschiedenen engeren oder weiteren persönlichen Beziehungen, als Teil einer Gruppe und als Teil eines Kollektivs.

Gehen wir zurück zur Erkenntnis, daß der Drang zu Selbstverwirklichung eines jeden Wesens ein Naturgesetz ist. Viele Menschen, besonders viele Eltern, können dies nicht akzeptieren. Sie können nicht annehmen, daß aus dem Samen einer Sonnenblume wieder eine Sonnenblume wächst und keine Rose, auch wenn sie jeden Tag vor dem Pflänzchen stehen und meinen, es müßte nun eine Rose werden. Urvertrauen in seinen Lebensprozeß bekommt aber nur das Kind, das eine »Sonnenblume« werden darf, wenn in ihm eine solche angelegt ist. Wenn das Sonnenblumenkind eine Rose werden soll, wirkt sich das so aus, wie wenn ihm von seinen Eltern oder der weiteren Umwelt eine fremde Haut übergestülpt würde, unter der sein eigentliches Wesen verkümmert oder im schlimmsten Fall erstickt. Diese fremde Haut besteht aus der Projektion, die die Umwelt auf das Kind macht, besser gesagt über das Kind wirft. Das Kind mag sich dieser fremden Haut anpassen oder gar zu ihrer Bildung selbst beitragen, doch sein eigentliches individuelles Wesen wird unter dieser Haut nicht wahrgenommen, hat also sehr wenig Entwicklungsmöglichkeit.

Die Erfahrung aus der Therapie zeigt aber, daß jedes Kind in seinem Unbewußten ein Wissen hat von seinem seelischen Potential und von seinen Heilungsmöglichkeiten. Auch der Erwachsene hat dieses Wissen in sich, nur versteht sich von selbst, daß sein »Hautpanzer« viel undurchdringlicher ist, und es ihn viel mehr Zeit und Mühe kostet, in die Tiefe des Unbewußten vorzudringen. Wenn es aber gelingt, in der analytischen Situation die vitalen Kräfte des *Selbst* eines Menschen zu aktivieren, dann besteht die Möglichkeit zur Heilung und Ganzwerdung der Persönlichkeit. Als empirischer Begriff umfaßt das Selbst die Einheit und Ganzheit der gesamten, bewußten und unbewußten Persönlichkeit, von ihm geht eine die Persönlichkeit zentrierende und die psychischen Phänomene in letztlich stimmiger Weise anordnende Wirkung aus. Wie aber diese Kräfte im einzelnen Individuum wirksam werden, wie sich der Entwicklungsweg eines Menschen im persönlichen gestaltet, das »weiß« nur dieser Mensch selbst, das heißt, er kann es erfahren, wenn er sich der Stimme seiner Seele auf verantwortliche Weise zuwendet.

Aus diesem Grunde gehen wir davon aus, daß der Analysand die heilenden oder entwickelnden Kräfte in *sich selbst* finden muß und auf seine Weise auch kann. Über die Manifestationen des Unbewußten, Träume, Phantasien, Imaginationen verschiedener Art, in unserem Falle Sandbilder, sucht er den Kontakt zu seinem Selbst, oder einfacher ausgedrückt zu den »anderen« Seiten seiner Psyche (und seines Körpers), die verdrängt oder vergessen wurden oder noch nie die Kraft hatten, ins Bewußtsein zu treten. In der analytischen Situation findet er den freien, geschützten Raum, in dem er sein Bewußtsein entspannen und die Tendenz seiner Seele zur Selbstregulierung wirksam werden kann. Der Analytiker kann den seelischen Prozeß nicht für seinen Analysanden »machen« oder durchleben, aber er erlebt ihn »mit einem freudigen und einem wachsamen Auge« mit.

4 Die Imagination

Bei der Methode des Sandspiels hat der Analysand die Möglichkeit, die notwendigen kompensatorischen Vorstellungsbilder einfließen zu lassen und durch die Kraft seiner Imagination konkret zu gestalten. Durch die Gestaltung werden diese Vorstellungsbilder geformt, verwirklicht und durch das körperlich-emotionale und seelische Mitschwingen werden sie zum Erlebnis, zu Erlebnisbildern. Nach meiner Erfahrung gibt es zwei Wege vom unbewußten psychischen Inhalt zum geformten, erlebten Sandbild, denen ich hier nachgehen will.

Die Worte »der Analysand hat die Möglichkeit, die kompensatorischen Bilder *einfließen* zu lassen«, habe ich mit Bedacht gewählt. Denn wenn ich meine Analysanden am Sandkasten beobachte, kann ich oft dieses subtile Einfließen einer Strömung wahrnehmen. Am Anfang einer Stunde sitzen sie manchmal unschlüssig und in sich versunken da und sagen, sie wüßten nicht, was sie mit dem Sand tun sollten. Dann warten wir ruhig. Beim Sandspiel muß man nichts »tun«, sondern man versucht nach Möglichkeit, das »wollende«, angespannte, immerzu auf Tun und Leistung ausgerichtete Bewußtsein auszuschalten, entspannt und offen zu sein, um das aufzunehmen, was einem zuströmt. Das setzt natürlich, wie früher beschrieben, eine ruhige, freie und geschützte Atmosphäre im Raum voraus. (Sie soll auch frei sein vom »Wollen« und Leistungsdrang des Analytikers!)

Aus dieser empfangenden Haltung heraus scheinen dann auf einmal die Hände meiner Analysanden diese Strömung aufzunehmen, sie bewegen sich fließend durch den Sand und hinterlassen dort Flußformen, wie wir sie vom Wasser kennen. Damit ist der Gestaltungsprozeß ins Fließen gekommen und sucht nun langsam eine gültige Form.

Es ist mir wichtig, daß man korrekterweise nicht sagen kann, der Analysand »mache« ein Sandbild, vielmehr gestaltet er das Bild oder den Impuls, der ihm aus dem Unbewußten zufließt. Er verbildlicht die Strömung, die seine Seele zu diesem Zeitpunkt und an diesem Ort bewegt. Zeitraum und Ort der Analysestunde sind ausschlaggebend für das Geschehen, eben das, was Dora Kalff den »freien und geschützten Raum« nennt, denn in diesem konstellieren sich besondere psychische Kräfte. Kinder z. B. wissen genau, daß in ihrer Therapiestunde der ganze Therapieraum und meine Person nur für sie da sind. Das gibt allem, was in dieser Stunde geschieht, ein besonderes Gewicht und fördert die Selbstwerdung und Selbstheilung des Kindes.

Diese Strömung, die der Analysand aufnimmt, wird genährt aus den in ihm unbewußt wirkenden Kräften, die, um bewußt werden zu können, zuerst geformt und erkennbar gemacht werden müssen. Diese Energien werden mit dem Körper, speziell mit der Sensibilität der Hände aufgenommen. Wie wir aus unzähligen Beispielen wissen, sind die Hände außerordentlich feinfühlige Organe. Sie können Kräfte aufnehmen und auch wieder weitergeben. Sie sind die eigentlichen Vermittler zwischen der geistigen und der materiellen Welt. Im speziellen Falle des Sandspieles wird entweder das innere geistige Bild durch die Hände transformiert in ein äußeres, konkretes, das dann eben nicht nur sichtbar, sondern auch greifbar wird. Oder die Transformation verläuft in umgekehrter Richtung. Die Hände nehmen die unbewußte Strömung auf, machen sie durch den Sand sichtbar und tastbar, wodurch dann ein inneres Bild erweckt oder ein inneres Geschehen angeregt wird. In jedem Falle aber bilden die Hände die Brücke zwischen der seelisch-geistigen und der materiellen Wirklichkeit.

Daraus geht hervor, daß »hand«-lungsunfähige Menschen ihre inneren Kräfte und Bilder nicht sichtbar machen können in der konkreten Welt und sie aus diesem Grunde anderen Menschen auch nicht wirksam vermitteln können. Obschon diese Menschen oft eine reiche innere Bilder- und Erlebniswelt haben, ist deren Transformation und Vermittlung in die äußere Welt über die Hände (oder auch die Sprache) blockiert. Da meistens Angst die Ursache für diese Handlungsunfähigkeit ist, ist es besonders wichtig, daß der Analysand im »freien und geschützten Raum« der therapeutischen Atmosphäre diese vermittelnde, transformierende Fähigkeit seiner Hände üben kann.

Aus dieser Verwebung der geistigen und körperlichen und der inneren und äußeren Wirklichkeit entsteht das Sandbild, eine Form der Imagination. Die Fähigkeit zur Imagination und die Kraft der Imagination sind etwas ganz Besonderes im menschlichen Wesen. Deshalb möchte ich dieser Imagination noch etwas vertieft nachgehen und versuchen, ihr Wesen aus verschiedenen Blickwinkeln zu erfassen.

In C. G. Jungs »Psychologie und Alchemie« findet sich eine bedeutsame Stelle über das Wesen der Imagination. Jung schreibt dort über die psychische Natur des alchemistischen Werkes, das »opus«, das sich zusammensetzt aus der »theoria«, dem geistigen, philosophischen Teil, und der »operatio«, der praktischen, materiellen Durchführung. Er zitiert an einer Stelle den Alchemisten Ruland, der gesagt hatte: »Die Imagination ist das Gestirn im Menschen, der himmlische oder überhimmlische Leib.« Diese Aussage Rulands kommentiert Jung:

Diese erstaunliche Definition wirft ein ganz eigenartiges Licht auf die mit dem »opus« verknüpften Phantasievorgänge: wir haben uns dieselben nämlich keineswegs als jene substanzlosen Schemen, als die wir uns Phantasiebilder gerne vorstellen, zu denken, sondern als etwas Leibhaftes, als ein subtiles »corpus« von halbgeistiger Natur. So ist die »imaginatio« oder das Imaginieren auch eine physische Tätigkeit, die sich in den Kreislauf stofflicher Veränderungen einschalten läßt, solche bewirkt und von ihnen auch wieder bewirkt wird. Der Alchemist stand auf diese Weise nicht nur in Beziehung zum Unbewußten, sondern unmittelbar auch zum Stoffe, den er durch Imagination zur Veränderung zu bringen hoffte. Der eigentümliche Ausdruck »Gestirn« ist ein Paracelsischer Terminus, der in diesem Zusammenhang etwa »Quintessenz« bedeutet. »Imaginatio« ist also ein konzentrierter Extrakt der lebendigen körperlichen sowohl wie seelischen Kräfte. Es bleibt nun, eben wegen der Vermischung von Physischem und Psychischem, stets dunkel, ob die endgültigen Veränderungen im alchemistischen Prozeß mehr im materiellen oder mehr im geistigen Gebiet zu suchen seien. Diese Frage ist aber eigentlich falsch gestellt. Es gab für jene Zeit kein Entweder-Oder, sondern es gab ein Zwischenreich zwischen Stoff und Geist: nämlich ein seelisches Reich subtiler Körper, denen sowohl geistige als auch stoffliche Erscheinungsweise eignete.[19]

Diese Definition der Imagination als »ein konzentrierter Extrakt der lebendigen körperlichen und seelischen Kräfte« und die Vorstellung eines Zwischenreichs zwischen Geist und Stoff als ein »subtiles corpus«, trifft sehr gut auch für das Sandspiel zu. Es scheint mir ganz fraglos, daß es nicht nur in jener Zeit der Alchemisten, sondern auch heute dieses Zwischenreich zwischen Psyche und Materie gibt. Ich könnte ein Sandbild gar nicht anders definieren. Es ist entstanden aus dem Geist des Analysanden und aus dem der Materie innewohnenden Geist. Einfacher gesagt: aus dem Wesen des Analysanden und aus dem Wesen des Sandes und der Figuren entsteht etwas neues *Drittes*. Dabei verbinden sich bewußte Anteile mit unbewußten. Es ist eine ganzheitliche

Verschmelzung von Psyche und Materie über den menschlichen Körper. Diese Vereinigung von Bewußtem und Unbewußtem, von Geist, Körper, Seele und äußerer Materie bewirkt im Menschen ein Erlebnis, das mit tiefen Emotionen und Gefühlen verbunden ist. Dieses Erleben ergreift den ganzen Menschen und bewirkt in ihm, wie jedes wirkliche Erlebnis, eine Veränderung, eine Reifung, die im Augenblick keine Worte hat noch braucht.

Doch, wie ich schon gesagt habe, ist die äußere Gestaltung des Sandbildes nur die im Augenblick notwendige Erscheinungsform in der konkreten Welt, letzten Endes ist sie aber nicht mehr wichtig. Die Quintessenz des Prozesses am Sandkasten ist das mit den Emotionen und Gefühlen aus dem schöpferischen Prozeß geladene innere Bild. Damit wird auch deutlich, daß »Sandbild« eine doppelte Bedeutung hat, einerseits das konkrete Gebilde im Sandkasten, andererseits das daraus hervorgehende, energiegeladene innere Bild. Diese doppelte Sichtweise eines Sandbildes, die hinter der äußeren, *statischen* Form die symbolische Bedeutung der im Analysanden weiter wirkenden *bewegten und bewegenden* Kräfte sieht, ist für das Verständnis bei der Interpretation der Bilder notwendig.

Damit sich die Leser, die nicht vertraut sind mit dem Sandspiel, einfühlen können in dieses Zwischenreich, wo psychische und materielle Elemente zusammenkommen, sich gegenseitig beeinflussen, durchdringen und verbinden, beschreibe ich im Folgenden genau, wie ein Sandbild entsteht.

Es gibt Analysanden, bei denen sich im Laufe der Tage, bevor sie in die Analysestunde kommen, oder spontan am Anfang der Stunde, ein mehr oder weniger deutliches Bild formt, das sie dann im Sande abbilden wollen. Da könnte man meinen, es sei einfach, diese innere Vorstellung konkret zu gestalten. Das ist aber nicht so. Nur Menschen, die mit dem Wesen der zu bearbeitenden Materie, hier dem Sand und den Figuren, sehr vertraut sind, können sich ein Bild derart vorstellen, daß sie es auch realisieren können. Ihre Vorstellungskraft ist dann in hohem Masse *bezogen* auf die Materie. Alle anderen werden Schwierigkeiten haben, ihre Vorstellungen zu verwirklichen, weil der Sand und die Figuren ihr Eigenleben haben. Ihre Vorstellung wird gewandelt durch ihre Begegnung mit dem ihnen unbekannten Wesen der Materie. Auch bringen die Hände der Analysanden Motive und Formen in den Sand, die ihrem Bewußtsein ganz fern sind. Woher stammen sie? Aus dem Unbewußten der Analysanden oder aus dem Sand?

Verfolgen wir den umgekehrten Vorgang: Der Analysand sitzt am Anfang der Stunde vor dem Sandkasten und weiß nicht, was er tun will, aber er wartet ruhig auf das, was ihm zukommt. Auf einmal scheint dann eine Strömung den Analysanden zu erfassen, oder der Analysand nimmt mit dem Körper eine aufsteigende, noch gänzlich ungeformte Strömung auf und beginnt, seine Hände zu bewegen. Das Besondere ist, daß der Körper offenbar eine eigene Art von Bewußtsein hat, das mit dem rationalen Denken nicht verbunden ist, wohl aber mit der Vorstellungswelt der Bilder. In diesem Falle können wir sagen, daß der Körper mehr weiß als der Verstand, und daß der Impuls zur Imagination vom Körper ausgeht.

Diese fließenden Bewegungen im Sand, oder das Durch-die-Finger-Rieseln-Lassen des Sandes zeigen an, daß etwas im Analysanden in Bewegung kommt, seine Energie zu fließen beginnt. Bei Menschen, die depressiv sind und stumpf, verkrampft und leblos in die Stunde kommen, sind diese ersten Anzeichen von Bewegung schon sehr viel. Sie wiederholen sich oft zu Beginn der Behandlung als einzige Äußerungen im Sand über mehrere Stunden. Wenn sich dann die Verkrampfung löst, kann es geschehen, daß die im Sand entstandenen Formen im Analysanden eine Assoziation aufsteigen lassen oder ein inneres Bild evozieren, das er dann zu gestalten beginnt. Nun geschieht vielleicht dasselbe wie im vorherigen Fall, daß sich beim Gestalten der Sand anders verhält, als der Analysand es von ihm erwartet, oder daß die vorhandenen Figuren nicht passen. Dann wird der Analysand gezwungen, seine Vorstellung in Bezogenheit auf die Eigenschaften des Sandes zu modifizieren – oder seine Idee zu verwerfen. Wenn der Wunsch oder der Wille zu Gestaltung da ist, muß er lernen, seine Vorstellung auf dem vorhandenen Material aufzubauen, was heißt, er muß sich in Bezogenheit auf die vorhandene Realität verwirklichen und nicht seine Idee dem Material aufzwingen. Dies würde nämlich bedeuten, daß das Material mit Gewalt zum Mitmachen gezwungen, also vergewaltigt wird. Eine andere Art der Unbezogenheit auf das Material ist gegeben, wenn der Analysand, falls der Sand nicht so will, wie er will, sozusagen das Kind mit dem Bade ausschüttet, d. h. er verwirft seine Vorstellung zusammen mit dem unfolgsamen Sand und den Figuren.

Die Gestaltung des Sandbildes fördert schon in Bezug auf das Material und die eigenen Fähigkeiten eine gewisse Bewußtseinsentwicklung, die dann durch das genaue Betrachten und Erfassen des fertigen Sandbildes und natürlich durch die nachfolgende interpretative Verarbeitung anhand der Diapositive intensiviert wird.

Die erwähnte Unbezogenheit auf das Material soll ein kleines Beispiel verdeutlichen: Bei Jugendlichen kommt es gelegentlich vor, daß sie im Sand einen hohen Berg oder einen Turm bauen wollen und dabei die Eigenschaften des Sandes nicht berücksichtigen. Sie ziehen ihn immer wieder in die Höhe, und immer wieder fällt der angestrebte Turm oder Berg zusammen. Zuletzt werden sie wütend, schlagen auf den Sand ein und wenden sich einer anderen Idee zu.

Dies ist eine Verhaltensweise, die man nicht nur in der therapeutischen Situation, sondern auch im Alltagsleben oft und in vielfältigen Variationen beobachten kann. Ich denke da z. B. an eine Frau, die ein Kleid nähen will. Sie denkt sich ein Modell aus und kauft einen wunderschönen Stoff. Der Stoff macht aber schon Schwierigkeiten beim Zuschneiden und beim Nähen rutscht er unter der Nadel weg. Die Frau ärgert sich, wird ungeduldig, wirft zuletzt den Stoff weg, »weil sie ja doch nie Gelegenheit hätte, dieses ausgefallene Kleid zu tragen!«

Nicht nur mit äußeren Dingen wird so verfahren, gelegentlich auch mit inneren: Jemand nimmt sich vor, von nun an jeden Tag seine Träume aufzuschreiben, um sich damit auseinanderzusetzen. Die Träume liefern aber nicht die schönen, imposanten Bilder und Erlebnisse, die er sich wünscht und die die Mühsal des Aufschreibens gerechtfertigt hätten. Dann wirft er das Traumbuch in eine Ecke, »weil das Sich-beschäftigen mit den eigenen Träumen ja sowieso nur eine eitle Nabelschau ist«.

Ähnliches passiert auch in zwischenmenschlichen Beziehungen: Ein junger Mann, nennen wir ihn Fritz, wird wütend auf seinen Kollegen Franz, weil dieser sich in den Augen von Fritz ganz unmöglich benimmt. Fritz hat sich aber nicht die Mühe genommen, sich in das Wesen von Franz einzufühlen, was ihm die Möglichkeit gegeben hätte, die Verhaltensweise von Franz zu verstehen. Fritz verhält sich genauso egozentrisch und unbezogen auf Franz, wie der Jugendliche auf den Sand, wie die Schneiderin auf den Stoff und der Träumer auf seine eigenen Träume. Alle schieben die Schuld auf ihr Gegenüber, sei es materieller, seelischer oder menschlicher Art, wo doch die wirkliche Schuld in ihrer eigenen Unbezogenheit liegt.

Wir können nun davon ausgehen, daß die spezielle therapeutische Situation im Sandspiel stellvertretend steht für die vielen verschiedenen Alltagssituationen, und daß der Analysand hier lernt, auf etwas »anderes«, sei es den Sand oder sein eigenes Innenleben, einfühlsam und sorgfältig einzugehen.

Dieser Aspekt der *Bezogenheit* auf das andere ist ganz wesentlich beim Sandspiel. Bei jeder schöpferischen Tätigkeit tritt der Mensch aus sich heraus und hinein in die Beziehung zu einem anderen, andersartigen, unter Umständen ganz unbekannten Wesen. Das schöpferische Werk entsteht aus der Begegnung zwischen zwei Elementen und ihrer Verbindung. Durch gegenseitige Einwirkung und Rückwirkung entsteht eine Wechselwirkung, ein Austausch, eine Verflechtung. Es entsteht etwas Neugeschaffenes, Neugeschöpftes, das viel mehr sein kann als die Ausgangskomponenten. Beim Sandspiel ist das neue »Geschöpf« das Sandbild, entstanden zwischen dem Analysanden und dem Sand mit den Figuren. Die Voraussetzung dafür, daß etwas Neues entstehen kann, ist aber, daß der Analysand sich wirklich auf die Begegnung mit dem Unbekannten-Unbewußten im Sand und in sich selbst einläßt, die daraus entstehende Herausforderung annimmt, durchlebt und gestaltet. Dieses emotionale Ergriffensein beim schöpferischen Tun bewirkt seine Wandlung. Wenn er später das innere Bild, die imago seines Sandbildes, mit sich nimmt, ist dieses geladen mit den Energien, die zum Zeitpunkt seines Entstehens wirksam waren. Wenn wir bedenken, daß das Sandbild die Frucht seines Tuns, bildlich gesprochen »das Kind« des Analysanden ist, dann verstehen wir, daß dieses »Kind« etwas ganz Besonderes ist, einerseits schutzbedürftig, andererseits aber eine sehr große Entwicklungsenergie in sich tragend.

Der Analytiker hat in dieser Situation nicht nur die Funktion eines Geburtshelfers, sondern er ist Zeuge dieser »Geburt«, was ganz wesentlich ist. Gerade psychisch kranke Menschen, bei denen durch das Sandspiel ein Heilungsprozeß angestrebt wird, haben große Mühe, sich selbst anzunehmen oder überhaupt wahrzunehmen. Wenn der Analytiker das Sandbild als Teil des Analysanden wahr- und annimmt, nimmt er damit den Analysanden selbst an. Durch die Wertschätzung, mit der der Analytiker dem Sandbild und damit dem Analysanden selbst begegnet, lehrt er den Analysanden, der Außenwelt und seiner Innenwelt mit Wertschätzung zu begegnen. Über das Vorbild des Analytikers lernt der Analysand, sich selbst und das »andere« ernstzunehmen und die Bedeutung und Tragweite seines eigenen Tuns zu erkennen. Er kann im Laufe der Therapie eine echte religiöse Haltung entwickeln, indem er mehr und mehr der inneren und der äußeren Welt sorgfältig und gewissenhaft begegnet.

Es versteht sich von selbst, daß ein »Kind«, etwas Neugeschaffenes, nicht nur aus der Begegnung zwischen Analysand und Sand entstehen kann, sondern auch aus der Begegnung zwischen Analytiker und Analysand bzw. zwischen Mensch und Mensch. Ich meine damit nicht ein leibliches Kind, sondern ein »Beziehungskind« oder ein Beziehungsgewebe, das aus den zwischen den beiden Menschen hin und herwebenden Kräften entsteht. Dieses Beziehungsgewebe zwischen zwei Menschen ist nicht sichtbar und tastbar wie das Sandbild, aber es ist existent, spürbar sogar für Drittpersonen, und wirkt zurück auf Körper und Seele der Beteiligten. Auch das ist, als eine Verdichtung der Energien zwischen zwei Menschen, eine Imagination, ein »subtiles corpus« in der Zwischenwelt zwischen Psyche und Materie bzw. Körper. Ob in der alchemistischen Vorstellung, ob im Sandspiel oder in der verbalen Analyse, die Imagination ist, wie Jung sagt, »ein konzentrierter Extrakt der lebendigen körperlichen sowohl wie seelischen Kräfte«.

Wenn wir in der therapeutischen Arbeit das Wesen der Imagination genauer erfassen, d. h. interpretieren wollen, stellen wir fest, daß deren Bedeutung auf verschiedenen Ebenen von unterschiedlicher Bewußtheit liegt. Ein Sandbild hat meistens eine unmittelbar erkennbare Aussage, aber im Laufe der Tage und Wochen, während es nachwirkt, kommen immer tiefere und bedeutendere Zusammenhänge aus dem Unbewußten ins Bewußtsein. Jedes nachfolgende Sandbild arbeitet an den vorangegangenen weiter und trägt auf diese Weise bei zur sinnvollen Transformation der Energien im Hinblick auf eine Heilung des Analysanden oder auf die Erreichung einer höheren Bewußtseinsstufe.

Zusammenfassend möchte ich sagen, daß im Sandspiel im kleinen Raum das getan wird, was der Mensch grundsätzlich tun muß, nämlich die ungeformten Energien seiner inneren Vorstellungswelt durch die konkrete Welt, in unserem Fall den Sand, hindurch transformieren, d. h. verwirklichen, und dieses konkret Geschaffene wieder verwandeln in ein inneres Bild. Dieses innere Vorstellungsbild ist nun neu geformt, ist eine Neuschöpfung, weil die anfängliche ungeformte Idee durch die individuelle Schöpferkraft eines Menschen und in Bezogenheit auf die vorhandene, konkrete Welt gewandelt wurde. So erschafft der Analysand durch das Sandbild mit der Kraft seiner Imagination seine ganz persönliche Welt und hat gleichzeitig Teil an der kontinuierlichen großen Weltschöpfung.

Nun möchte ich das Wesen der Imagination noch aus einer anderen Sicht betrachten. Die Vorstellung von der kontinuierlichen Weltschöpfung und von der Zwischenwelt der Imagination finden wir auch im keltischen Weltbild, das mir persönlich sehr entspricht.

In der keltischen Denkweise gibt es die grundsätzliche Trennung von Geist und Materie nicht. In ihrer Vorstellung ist der Geist die Materie und die Materie ist der Geist, beides sind nur verschiedene Erscheinungsweisen derselben Energie. Die Materie ist letztlich die Verwirklichung eines Gedankens oder eben die Verwirklichung der Imagination.[20] (Diese Sicht der Zusammenhänge zwischen Geist und Materie ist sehr alt und gleichzeitig sehr neu. Auch moderne Autoren, wie z. B. der Physiker Fritjof Capra haben sich damit auseinandergesetzt.[21] Aus der Sicht der Analytischen Psychologie haben sich C. G. Jung selbst, und vor allem Marie-Louise von Franz intensiv mit diesem Thema befaßt.[22])

Das Gewicht liegt bei den Kelten auf einem vieldeutigen Bewußtseinszustand, auf der Vorstellung vom dauernden Gestaltwandel, von der kontinuierlichen Schöpfung, alles im Kosmos ist in Bewegung, alles ist ineinander verflochten, die Welt ist nicht statisch, sondern immer in Bewegung, im Werden, im »status nascendi«. Überall ist bewegte Energie, die zur Schöpfung drängt. Im allgemeinen klammern wir uns viel zu sehr an die vermeintliche Sicherheit der statischen Welt. Alles, was einmal Form angenommen hat, sei es in der inneren oder in der äußeren Welt, suchen wir zu bewahren. Leben ist aber Schwingung, dauernde Bewegung, deshalb sollten wir lernen, nicht statisch zu denken und zu leben, sondern den Bewegungen und Veränderungen im Leben ruhig zu folgen und teilzuhaben an der kontinuierlichen Neuschöpfung der Welt.

Die Kelten unterscheiden drei Welten oder drei verschiedene Erscheinungsformen der Urenergie:

1. *Die weiße Welt*, die Welt der *Energie vor der Formung* des Absoluten, die Welt der *Urbilder*, die Welt der *Archetypen*. In dieser Welt liegt die schöpferische Potenz des noch nicht Seienden. In dieser Welt liegen Ursprung und Vorbild alles Geschaffe-

nen, aber auch dessen Ziel. Zeit und Raum sind aufgehoben, die Gegensätze sind ungetrennt.

2. *Die konkrete Welt*, die Dingwelt, die grobstoffliche Welt, die *formgewordene Energie*.

3. Zwischen der Welt der Archetypen und der konkreten Welt liegt das, was die Kelten die *Wasserwelt* oder die *Flußwelt* nennen, die Welt der *feinstofflichen Energie*, die dauernd in Bewegung, im Fließen, im Werden ist. In dieser Welt finden wir die Seelenlandschaft, wo außen und innen eins sind, die Imagination, das »subtile corpus« der Alchemisten.[23]

Diese Zwischenwelt der Imagination verbindet die Welt der Archetypen mit der konkreten Welt, was man sich etwa so vorstellen kann: Durch die Kraft der Imagination kann der Mensch die an sich nicht vorstellbare, weil ungeformte Energie der Urbilder in ein Stück konkrete Weltschöpfung transformieren. Er kann aber auch seine Erfahrung und sein Erleben an der konkreten Welt durch die Imaginationskraft abstrahieren und so zur Ausformung der Urbilder beitragen, Bei diesem Prozeß der Wandlung der Energien durch Imagination spielt die moralisch verantwortliche Haltung des einzelnen Menschen eine ausschlaggebende Rolle. Deshalb gibt es für die Kelten auch kein absolut Böses oder Gutes, wesentlich ist für sie allein die Verantwortlichkeit im Handeln.

Ein kleines Beispiel soll dies erläutern: Wenn eine Familienmutter unter der Dominanz des negativen, zerstörerischen Aspektes des Mutterarchetyps steht, kann sie diese Kräfte unbewußt ausleben und die ganze Familie damit vergiften. Wenn sie aber spürt, daß ungute Kräfte in ihr am Werk sind, kann sie versuchen, diese zu gestalten und dadurch erkennbar zu machen. Im Falle des Sandspiels wird sie im Laufe der Zeit durch immer wieder neue Gestaltung Bewußtheit erlangen über die Art und

Weise, wie diese negativen Kräfte in ihr wirksam werden, und über die Möglichkeiten, diese negativen Auswirkungen auf sich und ihre Familie zu vermeiden und vielleicht sogar in positive zu verwandeln. Die notwendige Veränderung im Bewußtsein wird entscheidend unterstützt durch das Beachten der unbewußten Komponenten, die sich im Sandbild oder natürlich auch in den nachfolgenden Träumen zeigen. Ausschlaggebend für eine Wandlung der Frau ist aber ihre echte Bereitschaft zur Konfrontation mit sich selbst und ihre sorgfältige und gewissenhafte Verantwortlichkeit gegenüber ihrem Prozeß.

Warum ich die keltische Weltsicht in Zusammenhang bringe mit dem Sandspiel, hat folgenden Grund: In den Sandbildern können wir besonders gut die Welt der Imagination, die die Kelten Wasser- oder Flußwelt nennen, erkennen. Durch die Serien von Sandbildern hindurch können wir dieses Suchen und Fließen der Energien verfolgen, wir können sehen, wie sich die Energien verdichten und eine Form finden, um dann einem neuen Ziel entgegen weiterzufließen. Ganz besonders schön kann man diesen sinnrichtigen Fluß der Energien bei Marias Sandbildern (siehe Abb. 32–39) verfolgen.

Auch die keltische Vorstellung der drei Welten oder der drei verschiedenen Erscheinungsweisen der Energie hat natürlich einen Bezug zum Sandspiel. Man kann die Verbindung dieser Welten untereinander im Sandspiel folgendermaßen sehen: Die Archetypen, als die allgemein menschlichen Vorstellungs-Urbilder, wirken konstellierend auf die frei fließende feinstoffliche Energie. Diese wird gelenkt und verdichtet durch die menschliche Imaginationskraft. Diese Imaginationen finden im Sandbild immer wieder für kurze Zeit eine konkrete Form, sie verstofflichen sich, werden dann aber wieder zurückgenommen als inneres Bild in die ungreifbare innerpsychische Welt der bewegten und bewegenden Imaginationen. Das Sandbild selbst ist konkrete, formgewordene Energie, aber das innere Bild davon ist sozusagen ein dem Menschen zur Verfügung stehender Energievorrat, der sich sowohl geistig-seelisch als auch körperlich auswirken kann. Das Sandbild selbst ist demnach nicht das Wichtigste, es ist nur eine notwendige Zwischenstation. Ausschlaggebend ist der Prozeß der sich wandelnden imaginativen Kräfte, die entstehen aus der sich wiederholenden Verbindung von Analysand und Sand, Bewußtem und Unbewußtem. Ziel

Am Beispiel der Familienmutter haben wir gesehen, daß bei Beginn einer Therapie ein negativer Aspekt eines bestimmten Archetyps konstelliert sein kann. Man kann sich nun fragen, ob nicht auch vom Analytiker her negative archetypische Kräfte konstelliert sein können, die sich für den Analysanden schädlich oder gar zerstörerisch auswirken? Oder man kann sich fragen, was der Analytiker dazu tun kann, damit positive, fördernde Kräfte konstelliert werden? Das sind ganz wesentliche Fragen, besonders bei einer nonverbalen Therapiemethode, wo die unbewußten Kanäle zwischen Analytiker und Analysand weit offen stehen.

Die alchemistische und die keltische Vorstellung vom Wesen der Imagination mögen die Leser interessieren, die sich mehr auf die weltanschaulichen Zusammenhänge konzentrieren. Es gibt aber auch die naturwissenschaftliche Auseinandersetzung mit der Imaginationskraft. Ich beziehe mich hier auf das Buch der Ärztin Jeanne Achterberg »Die heilende Kraft der Imagination«, dessen Originaltitel »Imagery in Healing: Shamanism and modern Medicine« aber besser ausdrückt, zwischen welchen Polen die Autorin eine Verbindung sucht und herstellt.[24]

Ich beziehe mich im Folgenden auf die Erkenntnisse, die mir für das Verständnis des Sandspiels wichtig scheinen. Von den verschiedenen Funktionen der beiden Hirnhemisphären war schon die Rede (siehe S. 21 f.), hier möchte ich mich auf die Beleuchtung des Zusammenhangs zwischen Vorstellungsbildern und körperlichen Reaktionen konzentrieren.

Achterberg geht davon aus, daß Vorstellungsbilder auf physische Reaktionen eine direkte und eine indirekte Wirkung haben und umgekehrt ebenfalls von ihnen beeinflußt werden. Die Vorstellungsbilder können unter Beteiligung aller Sinnesorgane entstehen, aber ebensogut ohne entsprechenden äußeren Reiz (d. h. Lichtwellen, Schallwellen, Geruchsmoleküle) auftreten. Man nimmt an, daß Vorstellungsbilder zwar nicht notwendigerweise identische, aber ähnliche innere Reaktionszustände auslösen wie die eigentlichen Stimuli. Zum Beispiel werden angstbesetzte Vorstellungen oder intensive sexuelle Phantasien von dramatischen physiologischen Veränderungen begleitet. Physiologische Erregungszustände werden mit der Vorstellung schädlicher Reize in Verbindung gebracht, messbar an Herzfrequenz, Muskelanspannung und Grad des Hautwiderstands. (Diese Zusammenhänge werden z. B. beim sogenannten Lügendetektor und in der analytischen Psychologie beim Assoziationsexperiment ausgenützt.) Jeanne Achterberg entnimmt den bahnbrechenden Arbeiten verschiedener Forscher, daß Vorstellungsbilder sogar in der Lage sind, Bereiche des Immunsystems zu kontrollieren.

Zusammenfassend kann man zu den Forschungsergebnissen über Vorstellungsbild und Physiologie folgendes sagen:

1. Vorstellungsbilder stehen in Beziehung zu physiologischen Zuständen.

2. Vorstellungsbilder können physiologischen Veränderungen entweder vorangehen oder ihnen folgen, was sowohl auf eine *ursächliche* wie auch auf eine *reaktive* Bedeutung hinweist.

3. Vorstellungsbilder können sowohl durch *bewußte*, vorsätzliche Verhaltensweisen herbeigeführt werden wie auch durch *unbewußte* Vorgänge (elektrische Reizung des Gehirns, Träume, traumähnliche Zustände, spontane Gestaltungen wie Sandbilder usw.).

4. Vorstellungsbilder können als das hypothetische *Bindeglied* zwischen bewußter Informationsverarbeitung und physiologischer Veränderung betrachtet werden.

5. Vorstellungsbilder können sowohl das periphere als auch das vegetative Nervensystem beeinflussen.

In der Praxis der Sandspieltherapie können wir in Bezug auf physiologische Reaktionen folgendes beobachten: Die Gestaltung eines Sandbildes kann bei einem Analysanden sehr heftige

Abb. 12: Sandbild einer 42jährigen Frau, Uterus und Eierstöcke in fruchtbarem, »tanzendem« Zustand.

Abb. 13: Sandbild einer 38jährigen Frau, Uterus und Eierstöcke zwischen Leben und Tod.

Reaktionen verursachen, wie z. B. Zittern, Schweißausbrüche, Schwächeanfälle, Urindrang, Weinen; aber auch Entspannung und Beruhigung der Herztätigkeit und des Atems, Glücksgefühl und Wohlbefinden, Entspannung des Magens, allgemeine Verbesserung der sinnlichen Wahrnehmungsfähigkeit.

Andererseits kann ein Sandbild auch die Befindlichkeit der Körperorgane darstellen, z. B. das »glückliche« oder »traurige« Befinden der weiblichen Geschlechtsorgane (siehe Abb. 12 und Abb. 13) oder die persönliche unbewußte Darstellung der linken und der rechten Hirnhemisphäre (siehe Abb. 14). In der Abbildung 15 können wir die persönliche unbewußte Ausformung der einzelnen Energiezentren im Körper erkennen. Um den Sinn dieses Sandbildes aber genau zu erfassen, müßten wir die Lebensgeschichte der Analysandin, die vorangegangenen Sandbilder und den Kommentar der Analysandin zu diesem Bild genau kennen.

Die Körperbilder, wie die Vorstellungsbilder allgemein, sind die Spezialität der rechten Hirnhälfte, die wiederum verbunden ist mit dem emotionalen Bereich und dem vegetativen Nervensystem. Diese Vorstellungsbilder aber sind *nonverbaler* oder *präverbaler* Natur. Wenn sie zu sinnvollen Gedanken verarbeitet werden sollen, müssen sie zuerst der linken Hirnhälfte zugänglich und verständlich gemacht werden. Dies ist der Grund dafür, warum die klare, logische Formulierung von bildhaften Vorstellungen, Imaginationen, so schwierig und arbeitsintensiv ist.

Abb. 14: Sandbild einer 45jährigen Frau. Links die introvertierte, denkerische Seite, rechts die fröhliche, extravertierte Seite, dazwischen die energetische Verbindung.

Abb. 15: Sandbild einer 45jährigen Frau. Körperdarstellung mit sichtbaren Energiezentren, Chakras.

Andererseits ist aber die logische oder interpretative Verbalisierung von Vorstellungsbildern gar nicht nötig, nämlich dann, wenn sie auf sehr frühe, elementare Schichten im menschlichen Leben, in denen Physiologisches und Psychologisches noch weitgehend eins ist, zurückwirken sollen. Das ist vor allem bei Kindertherapien der Fall, wo eine verbale Interpretation der

Sandbilder nicht nötig und gar nicht möglich ist. Wie sich diese tiefen, anfänglichen Schichten im menschlichen Dasein darstellen, werden wir bei der Beschreibung der Sandbilder Marias sehen (siehe S. 127 ff.).

Bei den Sandspieltherapien Erwachsener läßt man zwischen der Gestaltung der Sandbilder und ihrer verbalen Interpretation die notwendige Zeit vergehen, um zuerst den körperlich-emotional-seelischen Wandlungsprozeß sich entwickeln zu lassen, bevor man ihn intellektuell interpretiert.

5 Raumsymbolisches Deutungsschema

Ein Sandbild kann verschiedene Bewußtseinsebenen und in diesen wiederum verschiedene Befindlichkeiten eines Menschen gleichzeitig enthalten. Es kann so vieldeutig und kompliziert sein wie die geistig-seelisch-körperliche Welt des Sandspielenden. Daher ist für die Interpretation der Sandbilder ein allgemeines raumsymbolisches Deutungsschema sehr hilfreich. Ich habe es mir zusammengestellt aus allgemein gültigen Kriterien und meinen Erfahrungen mit der therapeutischen Methode des Sandspiels.

Doch soll es uns nur eine willkommene Orientierungshilfe sein, und wir sollen jederzeit bereit sein, allgemeine Deutungskriterien zu überdenken und der persönlichen Entwicklungsstufe und Lebenssituation des Analysanden anzupassen.

Beim Sandspiel gibt es dadurch eine besondere Schwierigkeit, daß die räumliche und flächige Erfassung vermischt werden. Durch die plastische Verarbeitbarkeit des Sandes ergibt sich im Sandkasten eine Entwicklung von unten nach oben. Der Analysand kann in die Tiefe arbeiten und in die Höhe, er kann den Sand stark plastisch bearbeiten oder beinahe nicht berühren. Diese Verschiedenheiten müssen bei der Interpretation auch beachtet werden. Je plastischer jemand arbeitet, je mehr Licht und Schatten in sein »Weltbild« kommen, desto mehr nähert er sich der konkreten, materiellen Welt an, desto mehr findet seine Imagination eine geschöpfte Form.

Der Analysand steht aber nicht *im* Sandkasten, sondern *davor*. Dadurch erlebt er den Sandkasten wie ein Stück Papier, auf das er

Raumsymbolisches Deutungsschema

links ↔ rechts

Innere, geistige Welt
spirituelles Leben
Religiosität

Kollektives
Bewußtsein,
persönliche Vater-
beziehung, Schule,
Beruf

oben:
entfernter
Himmel,
Luft, Geist

oben ↕ unten

Ich
Persönlich-
keits-
zentrum

Instinkte
schöpferische
Natur, das Meer
des Unbewußten aus
dem immer wieder
neue Impulse kom-
men, das auch ver-
schlingen kann.

Bewußtere
Erdbeziehung
persönliche
Mutterbeziehung,
Urbeziehung,
Körperlichkeit

unten:
näher
Erde,
Materie,
Körper

Linke Seite:
Unbewußtere Seite,
Innenwelt, Nähe,
Intinität, contem-
plative, »schauende«
Seite, Ort der Regres-
sion.

Linke Körperseite
verbunden mit der
*rechten Hirnhemi-
sphäre,* funktioniert:
nonverbal, ganzheit-
lich, konkret, nicht
zeitlich, nichtrational
intuitiv, emotional.
bildhaft

Rechte Seite:
Bewußtere Seite,
Außenwelt, Realität,
Ferne, Offenheit,
aktive, handelnde
Seite Richtung
Progression.

Rechte Körperhälfte
verbunden mit der
*linken Hirnhemi-
sphäre,* funktioniert:
verbal, analytisch
abstrakt, zeitlich,
rational, logisch,
linear.

ein Bild malt. So wird der nähere Sandkastenrand zum unteren Bildrand, und der entferntere zum oberen Bildrand. Grundsätzlich fotografieren und interpretieren wir die Sandbilder vom Standpunkt des Gestaltenden aus.

Die Mitte des Sandbildes stellt immer das zentrale Motiv dar. Mandalas als verschiedene Aspekte der Beziehung des Ichs zum Selbst habe ich bis jetzt immer in der Mitte der Sandbilder gefunden, sie verbildlichen ja auch die Zentrierung der Persönlichkeit.

Über Motive in den vier Ecken kann gesagt werden, daß sie oft die prägenden Komponenten, die Rahmenbedingungen des Geschehens darstellen.

Im allgemeinen habe ich die Erfahrung gemacht, daß neue geistige Impulse aus der linken, oberen Ecke ins Bild kommen, (siehe Abb. 19 und Abb. 41). Kräfte, die aus der linken, unteren Ecke kommen (siehe Abb. 18, Abb. 33 und Abb. 41), zeigen eher einen Zustrom von Energien aus der Körper- und Instinktsphäre an. Kräfte aus der Außenwelt, z. B. aus der Gegenübertragung des Analytikers auf den Analysanden, zeigen sich meistens von rechts kommend an (siehe Abb. 25 und Abb. 35). Bewegungen nach links deuten auf Regression, also ein Zurückfließen der Energien ins Unbewußte, was ein Versinken im Unbewußten bedeuten kann, oder aber ein Zurückfließen und Sammeln der Energien im Unbewußten mit dem Ziel der erneuten Progression.

Die Bewegung von links unten nach rechts oben zeigt eine Entwicklung in die Außenwelt, »ins Leben« an. Sie ist häufig anzutreffen bei jüngeren Menschen.

Die Bewegung von rechts unten nach links oben habe ich öfter gesehen bei reiferen Menschen. Sie deutet auf eine Entwicklung in die innere Welt des Geistigen.

6 Eva – der Heilungsprozeß einer schwer depressiven Frau

Eva ist eine sehr gut aussehende, intelligente Frau aus einer gebildeten, gutbürgerlichen Familie. Sie ist verheiratet und wohnt in einer kleinen Ortschaft in der Schweiz.

Als sie das erste Mal mit mir Kontakt aufnahm, war sie vierzig Jahre alt und hatte zwei schulpflichtige Kinder. Nach dem Abitur hatte sie keine Berufsausbildung abgeschlossen, doch während ihrer Ehe verschiedentlich in Teilzeitbeschäftigungen gearbeitet. Zum Zeitpunkt des Therapiebeginns bei mir war sie in einem sozialen Beruf tätig, den sie objektiv gesehen gut erledigte. Subjektiv jedoch fühlte sie sich in ihrer Arbeit in der Regel unzulänglich, wertete ihre Leistungen meistens ab, wollte die Tätigkeit auch öfters aufgeben. Immer wieder aber ließ sie sich von ihren Kollegen und Vorgesetzten, die ihre Mitarbeit offensichtlich schätzten, zur Weiterarbeit bewegen.

Eva hatte wegen anhaltenden, sehr schweren Depressionen schon verschiedene Therapien und Analysen begonnen und sich auch in die therapeutische Arbeit hineingegeben. Aus verschiedenen Gründen wurden diese Therapien immer wieder abgebrochen, ohne aber zu einer sichtbaren Besserung oder gar Heilung geführt zu haben. Im Gegenteil, durch die Problematik unaufgelöster Übertragung zwischen ihr und ihren männlichen Therapeuten hinterließen sie zusätzliche tiefe Wunden in Evas Selbstwertgefühl als Frau. Ihr Selbstwertgefühl schwankte ohnehin trotz ihrer körperlichen Schönheit und Gesundheit und ihrer geistigen Begabung zwischen einer gewissen mäßigen Wertschätzung ihrer Person und einem tiefen zerstörerischen Selbsthaß, begleitet von massiven Schuldgefühlen.

Dieser Selbsthaß äußerte sich einerseits darin, daß sie ihren Körper schlug, kratzte und zerschnitt, anderseits, daß sie sich durch Alkohol- und Medikamentenmißbrauch zerstören wollte. Alkohol und Medikamente dienten ihr aber vor allem zur Überdeckung und Verdrängung ihrer hinter dem Selbsthaß liegenden Verlorenheits- und Angstzustände, die immer wieder ein solches Ausmaß annahmen, daß sie sich nur noch Ruhe und Erlösung in der Auflösung des Bewußtseins oder im Tod wünschte. In solchen Zeiten begab sie sich jeweils freiwillig für einige Wochen in eine Klinik, wo sie Schutz und Ruhe fand. Die abgeschlossene Atmosphäre der Klinik tat ihr für kurze Zeit gut, und die Medikamente dämpften ihre Angstzustände und Todeswünsche.

Grundsätzlich änderten die Klinikaufenthalte an Evas psychischem Zustand aber nichts; meines Erachtens wäre dies auch bei der allerwirksamsten Betreuung in diesen wenigen Wochen gar nicht möglich gewesen. Immerhin gewährleisteten sie aber Evas Überleben, was von ihrem heutigen Leben her gesehen als ein Glück erscheint.

Zusammenfassend kann man sagen, daß Eva an einer schweren narzißtischen Störung litt.

Über Evas Jugend und Familienverhältnisse kann aus Diskretionsgründen nur sehr wenig gesagt werden. Sie ist das einzige Kind ihrer Eltern. Ihre Mutter hatte eine depressive Wesensstruktur. Ihr Vertrauen in sich selbst als Frau und in das Leben an sich wurde vor Evas Geburt durch ein sehr schweres traumatisches Erlebnis derart gestört, daß sie ihrer Tochter keine positive Einstellung gegenüber sich selbst und der Welt weitergeben konnte, sondern Gefühle der Verlassenheit, Minderwertigkeit und Angst auf sie übertrug.

Evas Vater war ein sehr leistungsbetonter, rational denkender Mann. Eva hatte an sich eine positive Beziehung zu ihm und er wohl auch zu ihr, doch konnte sich diese gegenseitige Zuneigung nicht fruchtbar auswirken auf das Selbstwertgefühl Evas. Ihr Vater wollte oder konnte die Hintergründe der andauernden, tiefen Depression seiner Tochter nicht einsehen, geschweige denn sich einfühlen. Er glaubte daran, daß mit der Kraft des Willens alles machbar sei und eine Depression durch Willensanstrengung und Arbeiten aufgelöst oder doch wenigstens in Schach gehalten werden könne.

Ganz ähnlich war die Einstellung von Evas Mann. Er hatte Mühe zu verstehen, daß die »Krankheit« seiner Frau nicht eine Angelegenheit von Verwöhntheit, schlechtem Willen oder gar Bosheit war, sondern das Resultat einer nicht geheilten, im Gegenteil immer wieder aufgerissenen, tiefen Verwundung an der Lebensbasis. Er meinte, mit bewußtem Wollen und Disziplin würde seine Frau ihr Leben in Ordnung halten können. Weder er noch Evas Vater konnten sich in Evas abgründige Verlassenheit und Ängste einfühlen.

Auf die Gründe dafür kann ich hier nicht tiefer eingehen. Ich möchte nur darauf hinweisen, daß existentielle Angst und Gefühle der Schwäche und Verlassenheit in der heutigen Zeit von einem Mann in leitender Position beinahe verdrängt werden *müssen*, da sie das geforderte Leistungsvermögen natürlich empfindlich schwächen. Der Gedanke liegt daher nahe, daß diese verdrängten, dunklen Seelenseiten sich auf die »schwächeren« Familienglieder, z. B. die Ehefrau oder die Tochter verschieben und von diesen stellvertretend gelebt werden müssen.

Der von beiden so sehr betonte *Wille* wird in der analytischen

Psychologie definiert als »die dem Bewußtsein zur freien Verfügung stehende psychische Energie«. Wer sich diese Definition überlegt, wird leicht einsehen, daß ein Mensch nicht seinen Willen mobilisieren und für gezielte Leistung einsetzen kann, wenn er an einer derart elementaren Verlassenheit und Selbstentfremdung leidet wie Eva. Sie brauchte alle Energie zum Überleben, denn wie wir später aus ihren Sandbildern sehen werden, drohte sie immer wieder an dieser Wunde zu verbluten, was bedeutet, daß ihre Lebensenergie von ihr wegfloß, und ihre innere Quelle, aus der ihr neue zufließen konnte, noch nicht erschlossen war (siehe Abb. 24).

Dieses Unverständnis für ein nicht rational erfaßbares, bei vielen Menschen bis zu Unspürbarkeit verdrängtes Leiden ist in der heutigen Zeit weit verbreitet. Die Vorstellung, die Seele sei rational steuerbar und die Heilung von seelischem Leiden machbar, wenn der Patient nur »wolle«, ist typisch für unsere leistungsbetonte Gesellschaft. Die Feinheit und Verletzlichkeit der menschlichen Seele wird schlechthin nicht beachtet. Zeit und Raum, die die seelische Entwicklung braucht, werden nicht gewährt. Die Bedürfnisse und Äußerungen der Seele werden großteils verdrängt zu Gunsten von Leistung, Entwicklung, Fortschritt, Stabilität, Ordnung.

Besonders die männliche Welt findet viele rational belegbare, einleuchtende Gründe, um das Wesen der Seele zu verdrängen und seelisches Leiden als die Äußerung einer willensschwachen, verweichlichten Persönlichkeit einzustufen. Deswegen ist das Leiden aber doch existent. Nicht nur das Leiden am eigenen Unvermögen, sein Leben positiv annehmen zu können, sondern vor allem das grundsätzliche Leiden am eingeschränkten und bedrängten Lebensraum für die Bedürfnisse und Äußerungen der Seele macht sich besonders bei Frauen in hohem Maße bemerkbar. Mit Absicht nenne ich meine Analysandin hier Eva, weil ihr Leiden auch das Leiden vieler anderer Frauen ist, vielleicht nicht in diesem Ausmaß, aber doch von der Ursache her.

Eva hatte von mir im Zusammenhang mit der Methode des Sandspiels gehört. Als sie zum ersten Mal in meine Praxis kam, sah ich vor mir eine fahle, verkrampfte, tieftraurige Frau. Ihr Körper war zusammengezogen, hart und kalt, wie wenn sich alle Schwingung und Wärme ganz ins Innerste zurückgezogen hätte. Sie nahm auch oft im Sitzen eine Art Embryonalstellung ein, verschränkte die Arme vor der Brust, wie wenn sie ihr Herz schützen wollte. Sie weinte viel und erzählte mir unzusammenhängend aus ihrem Leben. Immer wieder sagte sie, daß sie gar keine Hoffnung mehr auf eine Besserung habe, und daß es ihr unmöglich sei, anderen Menschen zu vertrauen. Sie nehme schon am Morgen Alkohol und Medikamente zu sich, um wieder schlafen zu können. Dadurch vernachlässige sie ihre Familie und ihre Arbeit, was wiederum quälende Minderwertigkeits- und Schuldgefühle in ihr auslöse.

Sie bot das Bild eines halbtoten, frierenden Vogels, und der natürliche Impuls wäre gewesen, sie in die Arme zu nehmen und zu erwärmen. Das tat ich aber nicht, denn halb erfrorene Wesen müssen sehr vorsichtig erwärmt werden. Weil Analytiker aber auch Menschen sind, machte ich ihr einen Kaffee, als wortloses Zeichen dafür, daß ich spürte, wie kalt ihr ums Herz war. Die erste Begegnung mit einem Analysanden ist für mich sehr wichtig, weil dann mein »Auge« noch durch kein bewußtes Wissen über ihn getrübt ist. Auch in dieser Stunde sagte ich sehr wenig, hörte einfach zu und versuchte instinktiv und intuitiv zu erfassen, was für ein Mensch hinter dieser traurigen, verfrorenen Frau verborgen sein könnte.

Eine Begebenheit vom Beginn dieser Therapie scheint mir

noch wichtig zu erwähnen. Wie es bei Analysanden mit stark gestörtem Selbstwertgefühl öfters vorkommt, wußte auch Eva am Anfang nie, ob sie zur nächsten Stunde wieder kommen würde. Sie glaubte ja nicht an eine Besserung, beziehungsweise ihr mangelndes Vertrauen ins Leben erlaubte ihr keine Hoffnung auf Besserung. Ohne auf ihr Hin und Her einzugehen, erklärte ich ihr, eine Besserung sei überhaupt nur dann möglich, wenn sie sich selbst, oder besser ihrem Unbewußten, und auch mir, die nötige Zeit gebe, sich zu entfalten. Ich schlug ihr deshalb in der zweiten Stunde vor, sich ohne »wenn und aber« für die nächsten zehn Therapiestunden zu verpflichten. Diese entschiedene Haltung konnte ich deshalb einnehmen, weil ich zu diesem Zeitpunkt schon ihr erstes Sandbild (Abb. 16) gesehen hatte. Sie erwies sich auch als richtig. Eva meinte später, das wäre der entscheidende Anstoß gewesen für die lange Zeit unserer analytischen Zusammenarbeit.

In die zweite Stunde kam Eva ähnlich bleich und verkrampft wie in die erste, doch schien mir, sie sei nicht ungern gekommen. Sie ging im Lauf der Stunde auch zum Sandkasten. Ich habe in meiner Praxis einen Kasten mit hellem, meistens trockenem Sand und einen zweiten mit etwas dunklerem, sehr feinem Meersand. Eva wählte den dunkleren, erdigeren Sand und befeuchtete ihn mit Wasser. Offenbar hatte sie keine Angst oder Hemmung vor der erdigen, körperlichen Qualität des feuchten Sandes. Im Gegenteil, sie schien das feste, formbare Material zu suchen. Zögernd formte sie dann, immer wieder von krampfhaftem Weinen unterbrochen, das erste Bild.

1. Sandbild (Abb. 16)

So traurig und verkrampft, im Weinen fast aufgelöst und desorientiert Eva als ganze Person wirkte, so ruhig, fein und zunehmend sicher formten ihre Hände den Sand. Mit großem Erstaunen und mit wachsender Emotion sah ich dieses Bild entstehen: Es wurde ein zentriertes, ausgewogenes Bild, ein schön und sicher geformtes Bild der Ordnung! Um zu verstehen, warum ich so tief berührt war von diesem Sandbild, muß man sich noch einmal vergegenwärtigen, daß Eva seit Jahren an schwersten Depressionen litt, abhängig war von verschiedenen Medikamenten, zeitweise so wenig innere Struktur hatte, daß sie nur noch in einer Klinik leben konnte und ohne Hoffnung auf Besserung zu mir gekommen war.

Sie hatte nun einen kreisrunden, dreistufigen, viergeteilten Urhügel gestaltet, vollkommen strukturiert. Dieser runde Hügel war wiederum gefaßt von einem Kreis, der wie ein Schutzwall den Hügel schützte und zusammenhielt. Dieser Schutzkreis selbst war fest verankert in den Ecken des Sandkastens.

Das Bild stellt ein dreidimensionales Mandala dar. Mandala heißt in Sanskrit »Kreis« und bezeichnet eine kultische Kreiszeichnung. Mandalas als kreisförmige Gestaltungen finden wir aber auch in der Natur, in den mannigfaltigsten menschlichen Darstellungen und auch in den spontanen Manifestationen der Psyche. Sie sind Ausdruck für eine Ganzheit, für das Allumfassende, ein Bild des Göttlichen. Mandalas, manchmal auch vier- oder mehrfach geteilt, können Symbol sein für den Kosmos, den Schöpfergott, die allgegenwärtige schöpferische Energie, den Kreislauf des Lebens, die vier Jahreszeiten im Kreislauf des Jahres, und psychologisch gesehen, für die Ganzheit der Psyche, den Archetyp des Selbsts. (Wie wir bei den Sandbildern von

Maria sehen werden, stellen die mit bestimmten Figuren besetzten Kreisformen formgewordene Aspekte bestimmter Archetypen dar, die aber alle wiederum Teilaspekte des Ganzen, des Selbst sind.) Jung spricht vom Archetyp des Selbst als dem Prinzip der Ganzheit, der Ordnung, gleichzeitig als dem anordnenden Zentrum der Psyche.[25] Er spricht auch von spontan in Träumen und Imaginationen auftretenden Mandalas als dem unbewußten Versuch der Seele zur Zentrierung und Selbstheilung.[26] Dann stellt das Mandala ein Ordnungsschema dar, das sich gewissermaßen über das psychische Chaos legt und der Tendenz zur Auflösung (die die Seele eben auch hat) durch den schützenden, zusammenhaltenden Kreis entgegenwirkt.

In diesem Sandbild Evas war nun das Mandala ein spontaner Versuch ihrer Seele sich zu schützen und zu zentrieren. Diese Reaktion ihres Unbewußten auf ihren desorientierten Zustand wertete ich als günstiges Zeichen für die Therapie. Die feste Verankerung des schützenden Ringes in den vier Ecken des Sandkastens deutete ich so, daß Eva unbewußt Schutz und Halt suchte im Sandkasten, was im Großen gesehen dem Wunsche nach dem »freien und geschützten Raum« in der therapeutischen Situation entspricht.

An dieser Stelle sind einige grundsätzliche Bemerkungen zu Evas Therapieverlauf wichtig. Sie kam regelmäßig jede Woche ein bis zwei Mal zu mir. Während der ersten zwanzig Monate war ihr Grundzustand sehr traurig, verzweifelt und labil, auch durch ihren Medikamenten- und Alkoholmißbrauch. Sie weinte oft in den Stunden, erzählte mir aber auch viel aus ihrem Leben. In dieser Zeit gestaltete sie jede Woche ein Sandbild. Sie arbeitete meistens schweigend am Sandkasten, sagte auch nachher wenig dazu. Aber fast immer war sie am Ende der Stunde ruhiger, gelöster. Manchmal schien sie beinahe ein wenig glücklich zu sein über ihre Sandbilder. Zwischen den Stunden rief sie mich in dunklen, lebensmüden Zeiten auch zu Hause an. Bei diesen Anrufen und bei ihren Anfällen von Verzweiflung und Trauer am Sandkasten versuchte ich ihr immer zu zeigen, daß ich mitfühlte und ihr Leiden ernst nahm. Aber ich versuchte auch, sie ganz bei der Realität zu halten, sie in Zeit und Ort zu orientieren und sie zu den zu diesem Zeitpunkt erforderlichen Handlungen zu führen.

Wenn sie in den Therapiestunden vom Weinen ganz aufgelöst war, legte ich ihr den Arm um die Schulter oder hielt ihre Hand. Einerseits, um ihr ein wenig menschliche Wärme zu geben, andererseits, um sie durch den Körperkontakt im Hier und Jetzt zu halten. Ich meine, daß der Körperkontakt in einer Therapie sehr wichtig und hilfreich ist, aber der Analytiker darf im Analysanden nie mehr Wünsche und Hoffnungen erwecken, als er dann auch erfüllen kann oder will. Doch nach dem Prinzip, daß Gleiches Gleiches bewirkt, kann die ruhige Hand des Analytikers auch Ruhe im Analysanden erwecken.

Ich versuchte nicht, den Grund für Evas Depression anzusprechen, das hätte sie noch nicht ertragen. Ebenso vermied ich, sie mit viel Worten aufzumuntern und zu trösten oder meine Freude und Bewunderung über ihre tatsächlich sehr eindrücklichen Sandbilder auszudrücken. Denn mit jedem etwas zu starken Anheben ihres Selbstwertgefühles sank sie nachher wieder umso tiefer in ihre Depression zurück. Ihre großen gestalterischen Fähigkeiten durfte ich nur ganz vorsichtig erwähnen, da sie sonst gewahr wurde, daß sie eigentlich eine sehr begabte Frau wäre. Diese Erkenntnis überschwemmte sie aber wiederum mit Trauer und Schuldgefühlen, da sie ja nach ihrer Meinung nicht fähig war, ihre Begabung zu leben.

Nachdem ich das erste Sandbild gesehen und als spontanen

Ordnungs- und Selbstheilungsversuch in Evas Psyche gewertet hatte, ging es mir in den ersten zwanzig Monaten der Therapie vor allem darum, Eva äußerlich, sozusagen auf kleinem Feuer, am Leben zu erhalten, um Zeit zu gewinnen für ihren unbewußten, seelischen Prozeß, an dem wir hier dank dieser Bilder teilhaben können. Bildlich ausgedrückt mußte unter Evas wackeligem, vom Auseinanderfallen bedrohten Seelenhaus ein starkes, stabiles Fundament gebaut werden, um auf diesem ein neues Haus aufbauen zu können. Das heißt nicht, daß das Fundament von außen, etwa vom Analytiker gebaut werden mußte. Es mußte von innen heraus, aus Evas unbewußter Seele entstehen. Ich als Analytikerin war lediglich so etwas wie ein Bauführer, der darüber wachte, daß die Anordnungen von Evas innerem Baumeister richtig ausgeführt wurden.

Erst als im neuen Haus bewohnbare Räume vorhanden waren, konnte das alte, schwache Haus abgebaut werden. Während dieser Zeit des Fundamentbaus reichte die Energie nur gerade aus, um das alte Haus einigermaßen zusammenzuhalten, nicht für den Neubau.

Monate bevor Eva sichtbar teilnahm an ihren Sandbildern, gaben diese *mir* die Hoffnung auf eine Heilung. Mit fortschreitender Therapie wurde meine Hoffnung bestärkt, weil ich sah, wie sich ganz langsam in Evas Unbewußtem die notwendigen archetypischen Bilder aufbauten, aus denen sie allmählich die Kraft für die Heilung ihrer frühen, tiefen Verwundung beziehen konnte. Auch für mich bedeuteten Evas Bilder sehr viel, denn ohne diese hätte ich vielleicht die Kraft und Geduld nicht aufgebracht, um diese außerordentlich schwierige Therapie durchzustehen. Ein Analytiker ist ja auch nicht ein unerschöpflicher Brunnen. Oft muß er mehr Kraft geben, als er zu diesem Zeitpunkt aus sich selbst heraus schöpfen kann. Dann werden, genauso wie das Betrachten eines Bildes oder das Hören von Musik einen Menschen seelisch ernähren kann, gewisse Sandbilder meiner Analysanden zu einer Kraftquelle für mich.

Die vorliegenden 16 Sandbilder sind eine Auswahl aus den vielen Bildern, die Eva über die Zeit von zwanzig Monaten gestaltete. Ich betrachte sie aus der Rückschau und versuche sie so zu interpretieren, daß ihre außerordentliche gestalterische Kraft und emotionale Ausstrahlung nicht zerstört wird. Vergessen wir nicht, daß die intellektuelle Verdeutlichung der Bilder für das Verständnis des dahinter liegenden Sinns nicht ganz zu umgehen ist. Das Wesentliche ist aber das *Erlebnis der Ergriffenheit* beim Betrachten der Bilder!

Gehen wir noch einmal zurück zum ersten Bild. Auffallend sind die drei Stufen des Hügels. Vom nachfolgenden Prozeß aus gesehen, könnten sie eine Vorwegnahme der Dreiteilung *Körper – Seele – Geist* sein, bzw. der Erde als der materiellen Welt – der feinstofflichen, seelischen Welt – und der geistigen Welt des Absoluten, Archetypischen. Dies entspricht wiederum der Ganzheit der schöpferischen Energie in ihren drei Aspekten: der formgewordenen Energie, der bewegten, formsuchenden Energie und der Energie vor der Formung.

Das Kreuz über dem Hügel sehe ich als Evas unbewußten Versuch zur eigenen Orientierung. Wenn wir uns vorstellen, wir stehen auf einem Hügel und sehen den Horizont als unendlichen Kreis um uns und die Erde zu unseren Füßen als unbegrenzte, ungeordnete Fläche, so haben wir dank dem Lauf der Sonne die Möglichkeit, uns nach den vier Himmelsrichtungen zu orientieren. Wir stehen dann als Mensch im Zentrum der Welt, im Zentrum des Kreuzes, dessen vier Arme gebildet werden von den vier Himmelsrichtungen. Auf diese Weise haben wir das Chaos des Unbegrenzten, Ungeordneten von uns abgewendet und die Möglichkeit der Orientierung geschaffen.

Wir können das Sandbild aber noch aus einem anderen Blickwinkel betrachten. Die runde Form des Hügels erinnert auch an einen Grabhügel oder einen Mutterbauch. Wenn wir uns erinnern, daß der Sandkasten wie das hermetische Gefäß der Alchemisten eine Art Uterus, d. h. Mutterbauch darstellt, in dem die seelische Substanz gereinigt und gewandelt wird, um in neuer Form wiedergeboren zu werden, dann können wir den Hügel als Ort für Tod und Wiedergeburt betrachten, doppelt geschützt durch den Kreis und den Sandkasten.

2. Sandbild (Abb. 17)

An derselben Position im Sandkasten, an der der Urhügel sich im vorausgegangenen Bild befand, gestaltete Eva hier eine große Sonne, die den ganzen Raum ausfüllt. Zuletzt legte sie auf die Stelle des Stirnchakras, das auch »das dritte Auge« genannt wird, eine kleine goldene Sonne, als wollte sie sagen: »Die kleine Sonne erkennt die große Sonne«, oder »Ich, Mensch, erkenne Dich, Gott«.

Die Sonne ist die Quelle des Lichts und der Wärme, sie bedeutet für uns Lebensenergie. »Die Sonne bringt es an den Tag« heißt, daß die Sonne alle Dinge erkennbar macht, sie ist Symbol für Erhellung, Erkenntnis und Bewußtsein. Die Sonne verändert ihre Form nicht, jeden Morgen erscheint sie wieder in derselben runden Ganzheit am Horizont. Mit bloßem Auge ist ihre Gestalt nicht wirklich erkennbar, aber ihre Wirkung erleben wir immer wieder und überall. So ist sie auch Symbol für das

Immerwährende, das Unveränderliche, für Gott, aber auch für das Wesen der Archetypen, die in ihrer Ganzheit nie wirklich erfaßbar sind, aber immer wieder durch ihre energetische Ausstrahlung wirksam werden.

Für Platon war die Sonne das Gleichnis für das Wesen der Ideen. Die Idee wiederum war für ihn das Unwandelbare, die Gestalt, die hinter allen Dingen steht und die ihr wahres Sein ausmacht. So symbolisiert die Sonne gleichzeitig die Kraft in der Idee, im Leitbild, im Archetypischen und auch die Wirkung, die davon ausgeht und den Menschen so erleuchtet, daß er das Einzelne in Beziehung zum Ganzen erkennen kann.

Die Idee der Ganzheit des Menschen, die Körper, Seele und Geist umfaßt, nennen wir in der Analytischen Psychologie den Archetyp des Selbst. Vom Selbst – wir können es auch die höhere, Bewußtes und Unbewußtes umfassende Persönlichkeit nennen – geht eine anordnende Kraft aus, die die persönliche Entwicklung des Menschen steuert, sofern diese Kraft im Menschen wirksam werden kann.

Viele Menschen leben in einer *bewußten* Verbindung zu ihrem Selbst. Dann wird ihnen dessen anordnende Kraft zum Führer auf ihrem Individuationsweg. Viele stehen aber auch *unbewußt* in einer guten Beziehung zu ihrem Selbst. Dann steht es gleichsam als Schutzengel hinter ihnen.

Andere aber, besonders Menschen mit frühen narzißtischen Verwundungen wie auch Eva, können die Verbindung zu ihrer Ganzheit und der anordnenden, führenden Kraft nicht finden. Ihr Selbst ist gleichsam beschattet. Kathrin Asper schreibt dazu in ihrem Buch »Verlassenheit und Selbstentfremdung«:

Unverbunden mit seinem ureigensten Wesen, kann der narzißtisch verwundete Mensch angesichts dunkler und destruktiver Inhalte, die sein Innenleben ausmachen, nicht nach innen blicken. Dadurch wird die Verbindung zum eigenen Selbst immer wieder aufs neue vereitelt und die Beschattung fortgesetzt. Das Ziel der Wandlung liegt bei narzißtischer Selbstentfremdungsproblematik in einem positiv liebenden Bezug zu sich selber und einer toleranteren Einstellung anderen Personen gegenüber. Recht eigentlich ist es ein Ans-Licht-Treten der bislang verhinderten und beschatteten Möglichkeiten. Man erinnere sich hier an all die Märchenheldinnen, die zum Schluß in leuchtenden Kleidern mit Sonne-, Mond- und Sternenornamenten aus der Demütigung und Dunkelheit hervortreten ...[27]

Ihrem Verstande noch unbewußt, von ihren Händen aber schon gewußt, tritt in diesem Bild Evas Selbst ins Licht. Es ist ein äußerst wichtiges Geschehen und wird noch bekräftigt durch die Sonne im »dritten Auge«, das den Menschen hellsichtig macht und die Seele befähigt, das göttliche Licht in allen Erscheinungsformen zu unterscheiden. Ein alter Kommentar zum dritten Auge drückt es so aus:

Die Seele wirft einen Blick auf die Form des Geistes. Ein Lichtstrahl strömt aus, und die Dunkelheit verschwindet; Verzerrungen und üble Formen sterben, und alle kleinen Feuer erlöschen; die weniger hellen Lichter sind nicht mehr zu sehen. Durch Licht erweckt das Auge die notwendigen Seinsformen. Dem Schüler bringt es Wissen. Der Unwissende wird keinen Sinn erkennen.[28]

Weil auch Eva zu diesem Zeitpunkt nicht bewußt nach innen blicken konnte, gestalteten ihre Hände ihr unbewußtes Wissen im Außen des Sandes. Offenbar warf Evas Seele in dieser Stunde, wie der alte Text sagt, einen Blick auf ihr Selbst. Ein Lichtstrahl strömte aus und die Dunkelheit verschwand. Das Bild ihres Selbst leuchtete auf wie eine Sonne. Dieses Aufleuchten des Selbst in der Tiefe der unbewußten Seele wurde im Alltagsleben lange Zeit nicht richtig sichtbar, aber die Wirkung strahlte aus auf die nächsten Bilder.

Abb. 16: Eva, 1. Sandbild.

Abb. 17: Eva, 2. Sandbild.

Abb. 18: Eva, 3. Sandbild.

Abb. 19: Eva, 4. Sandbild.

Abb. 20: Eva, 5. Sandbild.

Abb. 21: Eva, 6. Sandbild.

Abb. 22: Eva, 7. Sandbild.

Abb. 23: Eva, 8. Sandbild.

3. Sandbild (Abb. 18)

Aus diesem Bild strahlt uns die gesammelte Körperlichkeit, Sicherheit und Kraft der Erde entgegen. Das quadratische Erdhaus ist in sich ein Symbol für die Erde und zugleich ein Tempel für die Erdmutter. Ursprünglich war das Haus gedeckt mit einem Dach aus Moos und Baumrinde. Ich öffnete es, damit die Herrin des Hauses, die dunkle, erdhafte Mutter mit ihrem Kinde, sichtbar wurde. Das Haus ist geschützt durch einen Kreis aus blauen Steinchen, die Wasser darstellen, und ist eingebettet in die grüne Natur. Zur Erdmutter gehört die Pflanzenwelt und das Wasser, neben oder unter ihren Heiligtümern befindet sich meistens eine Quelle.

Von unten links, auch aus dem Reich der Erde, bringt eine dunkelhäutige Figur ein Brot. Dieses Brot ist die Gabe der Erdmutter und drückt in diesem Sandbild nicht das uns wohlbekannte »Vaterunser« aus, sondern auf ganz besonders schöne Weise ein »Mutterunser«. Hier gibt »unsere Mutter, die Du bist auf der Erde« das tägliche Brot, die Grundnahrung unseres Körpers.

Über dem Tor zum Erdhaus liegt wieder wie ein »drittes Auge« das runde Bild eines kleinen Kindes. »Die Seele wirft einen Blick auf die Form des Geistes« heißt es im Kommentar zum dritten Auge. Mit diesem Bild warf Evas Seele einen Blick auf das Urbild der lebenspendenden, schützenden, nährenden Mutter in ihren Erscheinungsformen von Pflanzenwelt, Erde, Wasser, Haus, Körper und Frau. Dieses vollkommen zentrierte Bild strahlt die selbstverständliche, tiefe Ruhe und das Gefühl des Angenommenseins aus, die ein Kind auf dem Schoß der liebenden Mutter und ein Mensch im Schoße der großen Mutter Natur erlebt. Diese Urerfahrung hatte Eva in ihrer Kindheit nicht genügend gemacht, doch jetzt konstellierte sich im geschützten Raum der analytischen Situation das entsprechende Energiepotential. Es wird deutlich, daß sich das Energiefeld des positiven Aspektes des Mutterarchetyps nicht auf die leibliche Mutter beschränkt, sondern viel mehr umfaßt: die Erde, die nährende Natur, das wärmende und schützende Haus, das belebende Wasser u. a. m.

Die umfassende Erfahrung der guten Mutter Erde bildet in der Analyse den Boden für den Bau des Seelenhauses. Wir wissen: ohne guten Baugrund kann kein stabiles Haus errichtet werden!

4. Sandbild (Abb. 19)

Nach dem Kreis der strahlenden Sonne und dem Quadrat aus geformter Erde sehen wir ein bewegtes, fließendes, schillerndes Bild. Die Mitte bildet eine mit glänzenden Fäden übersponnene liegende Mondsichel. In Herzform fließt darum herum Wasser, aus einer Quelle, wie Eva sagte. Oder ist es doch ein Schleier, ein feinstoffliches Fluidum, entsprechend dem Material, aus dem Eva den Wasserstrom formte? Die Herrin des Bildes ist eine weibliche Figur, deren dunkelblauer Mantel übersät ist mit Sternen. Ihre Stellung ist betont mit Muscheln und einer weißen Koralle, die hinter ihr gleichsam einen Strahlenkranz bildet.

Diese »Königin der Nacht« oder »Sternenfrau« hatte ich vor langer Zeit selbst gemacht, als Gegenstück zur Erdmutter. Mir schien, ich müßte für das Sandspiel eine Figur haben, die im Gegensatz zur erdigen, instinkthaft-körperlichen Mutterschaft, das Prinzip der seelisch-geistigen Mutterschaft ausdrückte. Sie ist aber viel mehr geworden: eine kosmische Figur, die Himmelskönigin, Mondfrau, Weltseele, das Undurchsichtige-Verschleierte, das unergründlich Faszinierende. Wie der nächtliche Sternenhimmel und der Mond kann sie den Menschen in eine andere Sphäre, in eine andere Wirklichkeit ziehen, die sich inspirierend, bewußtseinserweiternd, aber auch bewußtseinsauflösend und vernichtend auswirken kann.

Der Mond, das Faszinierende, Bewegende, sich stetig Wandelnde, das Fließende, Bewegte des Wassers oder Schleiers, das Herz, die Muscheln und die dunkle und doch leuchtende Sternenfrau – alle diese Elemente verdichten sich zum Urbild der weiblichen Seele. Sie *ist* nicht, sondern sie fließt und wandelt sich dauernd. Sie hat nicht das Unveränderliche, Strahlende der Sonne, noch das fest Geformte der Erde, sondern sie ist nächtlich, weich, unfaßbar, geheimnisvoll und unheimlich. So schön dieses Bild ist, so unergründlich, ja abgründig ist es auch. Ohne das Helle, Erleuchtende der Sonne und das Festgefügte der Erde könnte es auch die Gefahren in sich bergen, die der Mond und die Wasserwelt für den Menschen haben, nämlich den Wahnsinn oder die Auflösung der Psyche, wie es Eva in den dunkelsten Zeiten ihrer Depressionen erlebte.

Diese drei Bilder formte Eva kurz hintereinander. Sie stellen die drei archetypischen Energiefelder dar: des Geistigen, des Körperlich-Materiellen und des Seelischen, die untereinander in Wechselbeziehung stehen und die Ganzheit bilden. Für Eva wirkten sie sich fruchtbar aus. Wir dürfen aber nicht vergessen, daß sie auch negative Aspekte haben: die Sonne als einseitiges, überhelles Bewußtsein kann den Menschen austrocknen, verbrennen, von der Realität des irdischen Körpers entfernen. Die Erde, der Körper, kann den Menschen in der Schwere und Unbeweglichkeit ihrer Geformtheit gefangen halten. Und die wässerige, fließende Mondwelt des Seelischen, die ja auch die

Welt der Imagination ist, kann den Menschen zerfließen lassen in der Unendlichkeit des Ungeformten.

5. Sandbild (Abb. 20)

Dieses Bild zeigt wiederum ein kreisförmiges Zentrum, dessen Geschehen aber wesentlich von den Kräften aus den vier Ecken bestimmt wird. In der Mitte stehen sich Sonne und Mond gegenüber, dazwischen liegt ein Kristall. Darum herum tanzen im inneren Kreis sechs weibliche und im äußeren sechs männliche Figuren. So wie im Zentrum links, auf der raumsymbolischen Seite des Gefühls und des bildhaften Vorstellungsvermögens, der Mond steht, kommen von links unten weibliche Energien, die Sternenfrau, die Erdmutter und eine runde, bäuerliche Mutterfigur hinzu. Ihre Gabe ist ein Gefäß mit wohl *irdischer* Nahrung. Seitlich sind sie begleitet von nach oben geöffneten Muscheln, die, empfangenden Händen vergleichbar, *geistige* Nahrung enthalten. Rechts, auf der Seite, die dem übergeordneten, logischen Denken zugeordnet wird, steht die Sonne. Von rechts unten bringen (schlecht sichtbar) männliche Kräfte, eine Buddhafigur, ein weiser Mann und ein Schamane zwei Schwerter, die hier sicher nicht für Kampf oder Krieg stehen, sondern die Waffen des Geistes, des Wissenden, des Kulturmenschen sind.

In diesem Bild kommen die *übergeordneten Gegensätze* von Mond und Sonne, Natur und Kultur, man kann auch sagen von weiblicher, nährender Urenergie und männlicher Technik zusammen zu einer großen Vereinigung der Gegensätze, einer »conjunctio oppositorum«, wie die Alchemisten sie nannten.

Ist es nicht beeindruckend, welche Dynamik durch die Gegensatzvereinigung entsteht? Welche Freude und Bewegung die tanzenden Frauen und Männer ausdrücken?

Durch das Zusammenspiel der Gegensätze im Tanz entsteht etwas neues: der Kristall. Der Kristall entspricht dem »Stein«, dem »lapis« im alchemistischen Prozeß, der die »schwer erreichbare Kostbarkeit«, das Selbst symbolisiert. Die Alchemisten sagten, der »lapis« bestehe aus Körper, Seele und Geist und sei ein lebendiges Wesen. Dem können wir auch heute noch zustimmen, denn der »lapis« oder der Kristall ist ein Symbol für den inneren oder höheren ganzheitlichen Menschen.[29]

6. Sandbild (Abb. 21)

Dieses Bild stellt in eindrücklicher Weise die Überhöhung der vereinigten Gegensätze zu unserem christlichen Gottesbild dar. Der gekreuzigte Christus und der Mensch gehören zusammen. Sie sind »ausgespannt« zwischen Himmel und Erde, zwischen oben und unten, rechts und links, mit der ganzen aus dieser Gegensatzsymbolik entstehenden Spannung, die nur aushaltbar ist durch den Blick nach innen auf den eigenen ordnenden Wesenskern, oder den nach außen auf das Gottesbild. Aus dieser Sicht wurde Christus zur zentrierenden Leitfigur für Eva, die der negativen, auflösenden Seite in Evas Psyche heilend entgegentreten konnte.

Zusammenfassung

In diesen sechs, noch sehr unbewußt gestalteten Bildern, wird eine erste Stufe von Evas innerem Prozeß sichtbar. Offenbar mußten sich zuerst die intensiven Kräfte dieser *Urbilder* konstellieren, um Eva zu stärken für die Konfrontation mit ihrem Leiden, das ja eine Konfrontation mit ihrer ganzen inneren Problematik bedeutete. Die Wirkung dieser archetypischen Bilder ist auch auf unbeteiligte Betrachter sehr stark. Auf Eva mußte sie noch um vieles intensiver gewesen sein. Aus der Tiefe ihrer unbewußten Psyche kamen ihr damit Kräfte zu, die sie befähigten, ihr seelisches Leiden überhaupt etwas bewußter anzugehen.

Das folgende Bild leitete dann eine lange, sich über fast neun Monate erstreckende Reihe erschütternder Bilder ein, die alle in irgendeiner Form Evas Gefühl des Ausgestoßenseins und der Verlassenheit, ihren Schmerz und ihre Bedrohung durch Ängste und Todesvorstellungen darstellen. Durch das wiederholte Gestalten und Sichtbarmachen ihrer Problematik bildeten sich nach und nach heilende Gegenkräfte. Gesprochen wurde in dieser Zeit nicht viel, am ehesten auf indirekte Weise über Bemerkungen zu den Sandbildern. Wie ich schon sagte, versuchte ich Eva in warmer, aber vorsichtiger Weise im alltäglichen Leben zu halten, legte aber das Hauptgewicht auf den Prozeß am Sandkasten.

7. Sandbild (Abb. 22)

Mit dem heilenden Christusbild vor dem inneren Auge konnte Eva nun ihre *persönliche* Gegensatzproblematik darstellen.

In einem runden See liegt eine Mondsichel. Rechts davon

stehen Tod und Teufel, Spinnen und greuliches Gewürm für ihre innere Bedrohung und für ihre Ängste. Diese dunkle Seite war ihr sehr nahe, davon war ihr Leben dominiert.

Links sehen wir die gute Erdmutter und einen Tempelaufgang, auf dessen dritter Stufe Buddha sitzt, Symbol für ein positives geistiges Prinzip.

Das zentrale Motiv auf der Mondsichel stellt Evas Problematik dar. Unter dem Kreuz sehen wir ihr eigenes Grab. Das kleine Kind verkörpert, wie sie sagte, ihre eigene Seele zwischen einem hellen und einem schwarzen Engel, d. h. zwischen den Mächten des Guten und den Mächten des Bösen.

Für Eva war es ein Bild der Trauer und der größten Verzweiflung. Für mich war es ein Bild der Hoffnung. Warum? Erstens sah ich, daß der Mond zunehmend war, also dem vollen Licht und Leben entgegen ging. Weiter fiel mir auf, daß der weiße Fisch in der Mitte und das kleine Schiff nach links, auf die positive Seite zeigten. Der Fisch ist als Frucht des Meeres ein altes Symbol für Fruchtbarkeit und Leben. Er ist auch eine Erscheinungsform der Seele – hier eine helle, zum Guten hinweisende.

Am Ende dieser Therapiestunde versuchte ich Eva behutsam darauf hinzuweisen, daß sich in dem Bild auch Zeichen der Hoffnung fänden. Doch zu diesem Zeitpunkt vermochte sie noch nicht darauf einzugehen. Aber ich meine, die vorsichtig angebrachte Bemerkung wirkte trotzdem nach.

8. Sandbild (Abb. 23)

Hier springt die scharfe Trennung des Bildes in zwei Hälften ins Auge. Die rechte Seite stellt die fröhliche, bewegte, farbige

Außenwelt dar. Links steht Eva als zusammengekauertes, elendes Wesen im Griff des roten und des grünen Dämonen, die sie »Neid« und »Haß« nannte. Von oben links bedroht sie eine schwarze Schlange, von unten links der Tod. Sie erfüllen Eva mit Angst und Schrecken. Sie möchte hinüber in die farbige Welt, doch der schwarze Todesengel steht am Grenzübergang und weist sie zurück. Er sagt, sie habe kein Recht auf die glückliche, farbige Welt, sie gehöre zum Reich von Angst und Tod. – So erschreckend der Totenkopf und die schwarze Schlange auch sind, wir dürfen nicht vergessen, daß beide auch Symbole der Wandlung und der Wiedergeburt sein können.[30,31]

Auch nach dieser Stunde machte ich Eva vorsichtig darauf aufmerksam, daß das *ganze* Sandbild ein Abbild ihrer Seele sei, und sich daher auch in ihr selbst eine heitere, lebensfrohe Seite befinde. Meine Bemerkung ließ Eva nun doch aufmerken.

Das Außerordentliche am Sandspiel ist ja gerade, daß ein Analysand an seinem eigenen Sandbild, auch wenn er es ganz unbewußt gestaltet hat, nicht vorbeisehen kann. *Er* hat die positiven oder negativen Elemente in den Sand gesetzt, *er* ist verantwortlich dafür, *er* spiegelt sich selbst im Sandkasten. Allerdings heißt »die Spiegelbilder seiner Seele sehen« noch lange nicht, sich selbst zu erkennen und zu verstehen. Aber im Laufe der analytischen Arbeit werden nach und nach immer neue Teilaspekte erleuchtet, d. h. bewußt gemacht, bis ein zusammenhängendes Seelenbild erkennbar wird.

9. Sandbild (Abb. 24)

Hier sehen wir wieder einen runden Hügel in einem schützenden Kreis. Im Zentrum liegt Eva auf die Erde genagelt. Eine Figur geht rückwärts von ihr weg. Diese hatte ihr den Dolch in den Bauch gestoßen, der nun eine klaffende, blutige Wunde ist, aus der unendlich viel Blut fließt. Hinter Eva steht jedoch schützend die Himmelskönigin vor einem grünenden Kreuz.

Als erstes löst dieses Bild beim Betrachter eine ungeheure Regung von Schmerz, Leiden und Mitgefühl aus. Auch der Außenstehende fühlt sich im Herz und im Bauch zutiefst getroffen. Dieser Blutstrom aus dem Zentrum des weiblichen Lebens läßt uns an Menstruation und Fehlgeburt denken oder an eine sehr tiefe Verletzung im Kern der weiblichen Seele. Im Schwedischen z. B. heißt Gebärmutter »livmoder«, Lebensmutter, was im Kleinen Ausdruck ist für das sehr große Wesen dessen, »was Leben hervorbringt«. Dazu gehört nicht nur all das, was die Beziehung zur Mutter, Weiblichkeit, Mutterschaft, Natur umfaßt, sondern auch der Bereich der Seele, das schöpferische Unbewußte. Hier vor allem war Eva zutiefst verletzt worden, und die rückwärtsschreitende Figur verkörperte alle Erlebnisse und alle Menschen, die ihr diese Verletzung zugefügt hatten.

An dieser Stelle mögen sich Leser und Leserinnen selbst Gedanken machen dazu, wo und wie wir täglich das Reich der Lebensmutter materiell oder seelisch verletzen.

Wenn wir uns an das erste Bild vom Urhügel oder Mutterbauch zurückerinnern, sehen wir, daß nun der »Bauch« aufgebrochen ist und sein Leiden freigibt. Beim genauen Betrachten erkennen wir aber im inneren Kreis eine Mondsichel, es ist, wie Eva sagte, »der Mond mit der Sonne vereint«. Auch die Präsenz der Himmelskönigin vor dem grünenden Kreuz weist darauf hin, daß dieser Hügel ein Ort des Leidens, aber auch der Heilung ist.

Diese drei Bilder stehen stellvertretend für die bereits erwähnten vielen Bilder des Leidens, des seelischen Todes, der inneren

Angst und Qual durch Schuldgefühle, die Eva über neun Monate darstellte. Das Grab, der Totenkopf und der Todesengel, das Gekreuzigtsein und das Bluten wie von einer übergroßen Menstruation sind alles symbolische Darstellungen für den psychologischen Zustand eines Menschen, der der Dunkelheit, dem Reich der Schatten begegnet, und dadurch den Tod seiner bisherigen bewußten Lebenseinstellung erlebt. Auf mehreren der hier nicht gezeigten Bilder stellte sich Eva mit zerstückeltem Körper dar. Das Motiv der Zerstückelung der bisherigen Persönlichkeit und deren Verwesung sind ein weit verbreitetes Motiv in der Mythologie, in Märchen und bei Initiationsriten.[32]

Die Zerstückelung, der Tod und die Verwesung der psychologischen Wesensstruktur des Menschen wird im alchemistischen Prozeß »nigredo« – Verdunkelung, Schwärzung, oder »mortificatio« – Tötung genannt. Die Nigredo bedeutet die Begegnung des Menschen mit der Nacht, mit der persönlichen oder kollektiven, ihm bisher unbewußten Dunkelheit. Dadurch wird die bis dahin gelebte bewußte Einstellung, das Ich, derart erschüttert und aufgelöst, daß es einem seelischen Tod gleichkommt. Dann aber, am tiefsten Punkt der Dunkelheit, Ratlosigkeit und Verzweiflung erscheint in der Seele das neue Licht, so wie wir es im Kreislauf des Jahres an Weihnachten, bei der Wintersonnwende erfahren. Außen und innen erleben wir dieselben Abläufe (siehe S. 26ff.): auf die »nigredo« folgt die »albedo«, die Weißung oder Dämmerung, im Jahreslauf der Frühling, und die »rubedo«, die Rötung, der Sonnenaufgang oder der Sommer. Das bedeutet, daß sich nach der Auflösung, dem psychologischen Tod im Menschen, eine neue Bewußtseinslage, eine neue, hellere, erweiterte Seinsweise bildet.

Aus dem Gesagten geht hervor, daß die Zeit der »nigredo« für den Analysanden und den Analytiker eine sehr schwierige Zeit ist, denn sie wird begleitet von Bildern des Todes, von Todesgedanken, Todeswünschen und Selbstmordgedanken. Doch darf dieser Durchgang durch die Dunkelheit nicht aus Angst oder Schwäche (von seiten des Analytikers!) abgemildert oder vermieden werden, denn die Konfrontation mit dem Totenschädel, das Nachdenken über Tod und Ewigkeit, scheinen die Voraussetzung für eine echte Wandlung zu sein. Wie Jung sagt, scheint das Wachstum des Bewußtseins nur möglich über die Todeserfahrung.[33]

Für Eva bedeutete die Zeit der »nigredo« einerseits eine gewisse Erleichterung, da sie durch die Gestaltung im Sand ihre Problematik Stück für Stück herausarbeiten konnte. Andererseits wurden dadurch psychische Inhalte konkret sichtbar, die ihr bis dahin unbewußt gewesen waren. Ihre negativen Seiten, wie z. B. Neid und Haß, machten ihr schwer zu schaffen. Hauptsächlich ging es aber darum, daß sie ihre eigene Neigung zu Dunkelheit und Auflösung und ihre Todeswünsche aushalten und annehmen lernte. Auch wenn die Menschen in ihrer Umgebung diese Seite an ihr ablehnten und verurteilten, mußte sie doch lernen, damit zu leben, da sie offenbar einer dieser Menschen ist, denen der Tod und die Dunkelheit ständige Begleiter sind.

10. Sandbild (Abb. 25)

Etwa vier Wochen nach dem letzten gestaltete Eva dieses Bild. Wir sehen eine mit Gütern beladene Karawane, die von einem Führer ins Zentrum einer Spirale geleitet wird. Unten links liegt eingeschlossen in einem Steinkreis Eva als kleines Kind. Ihre Nabelschnur führt hinüber zu einem zusammengebundenen Elternpaar. Dieses ist aber durch eine Glaswand getrennt vom übrigen Geschehen, auch ist die Nabelschnur abgebrochen. Das Kind hat also keine Verbindung mehr zu den Eltern, es ist verlassen und isoliert. So sah Eva ihre bewußte Situation. Anderes sagt das unbewußte, zentrale Motiv aus.

Die Spirale ist als symbolische Form verwandt mit dem Labyrinth. Besonders bei Initiationen bedeutet das Hineingehen in die Spirale und das Wiederhinausgehen den symbolischen Tod und die symbolische Wiedergeburt. Der Initiand bewegt sich z. B. in den Leib der Erdmutter hinein, um dort zu sterben und wiedergeboren zu werden. Daher ist die Spirale auch ein Symbol für den Uterus.[34] Der Form der Spirale mit einem deutlichen Eingang und auch Ausgang, wie wir sie hier sehen, begegnet man im Sandspiel öfters. Sie stellt dann die weiblichen Geschlechtsorgane dar, und kann je nachdem Ausdruck sein für Befruchtung, Schwangerschaft oder Geburt.

In diesem Bild findet in der Tiefe des Unbewußten eine Befruchtung statt durch Nahrung bringende Kräfte. Es ist ein sehr wichtiges, hoffnungsvolles Ereignis und steht im Gegensatz zu Evas bewußtem Gefühl, verlassen und abgeschnitten zu sein von der Ernährung durch die Eltern.

Zur Zeit dieses Bildes war Eva ein Jahr bei mir in Therapie gewesen. Nicht nur für sie war es ein schwieriges Jahr gewesen, sondern auch für mich, wohl vergleichbar mit dem Zug einer Karawane durch die Wüste. Sicher seinen Weg kennen und gehen, nicht verzagen, ausharren, das sind Eigenschaften, die der Führer einer Karawane braucht – und auch ein Analytiker. Mir scheint, in diesem Bild zeige sich die positive Wirkung der therapeutischen Haltung.

11. Sandbild (Abb. 26)

Dieses Bild zeigt eine belebte, heitere, grüne Welt, die aber in zwei Teile gespalten ist durch »die große Wunde«, wie Eva sagte. Diese Wunde sieht aus wie ein großes Steingrab, auf dem eine Schlange liegt.

Aus Evas Leben und den vorangegangenen Bildern kennen wir Evas Wunde: Mangel an Vertrauen ins Leben, Mangel an Selbstvertrauen, Schmerz und Trauer, weil sie sich selbst als Frau minderwertig erachtete und von den Mitmenschen verachtet und mißverstanden fühlte. Doch jetzt liegt die Wunde nicht mehr offen da. Sie ist zugedeckt. Die Schlange, seit dem Altertum ein Symbol für die heilende Kraft der Natur, hat ihr Zuwachsen, ihre Vernarbung bewirkt.

Ganz am Ende der Stunde legte Eva bewußt einen Steg über die Wunde, zum Zeichen dafür, daß sie überbrückbar sei.

Die nächsten vier Bilder folgten in Abständen von vier bis fünf Wochen aufeinander.

12. Sandbild (Abb. 27)

Das Bild ist geteilt in einen oberen Teil, der die Außenwelt darstellt, und einen unteren Teil, Evas innere Welt. Hier sehen wir ein mächtiges Feuer, das von unten her, aus der Erde, dem Körperlichen, aufsteigt. Es ist das *Feuer der Emotionen*, in dem Eva, wiederum festgenagelt wie in Abbildung 24 und abgeschlossen von der Außenwelt, einsam liegt und leidet. Es ist ein Höllenfeuer: in der linken Hälfte sehen wir einen roten Teufel, der sich, wie Eva sagte, freut über ihr Leiden. Die Menschen in der Außenwelt wenden sich ab von Evas Qual, sie ist allein mit sich selbst. Oder allein mit Gott, denn am unteren Rand wacht eine große Gottesfigur über das Geschehen.

Es ist ein erschreckendes und erschütterndes Bild. Ein Mensch – Eva – im Fegefeuer. Es stellt die brennende Qual und das einsame Leiden einer Frau dar, die um eine tiefgreifende Wandlung ihrer Persönlichkeit ringt, um eine Erweiterung ihres Bewußtseins und eine Erneuerung ihrer Beziehung zu ihrem Selbst und ihrem Gottesbild.

Das Feuer bedeutet brennende Emotionalität, innere Hitze, Leiden, Schmerz, aber auch Reinigung und Wandlung. Eva reinigte sich von ihren Todeswünschen, von Verzagtheit, Minderwertigkeitsgefühlen, Neid und Haß. Es ging mit höchster Intensität darum, ihr negativ geprägtes, schwaches Ich zu überwinden, um mit einem gestärkten, stabileren Ich eine neue Beziehung zu finden zu den ordnenden, aufbauenden und lebensfördernden Seiten ihrer Seele.

Dieser feurige, tiefgreifende Wandlungsprozeß innerhalb einer Therapie ist sehr schmerzlich und schwierig für den Analysanden und auch für den Analytiker. Dieser leidet in einem gewissen Maße mit, begleitet und stärkt seinen Analysanden, der letztlich aber doch allein durchs Feuer gehen muß.

Die Verbundenheit zwischen Eva und mir wird hier angedeutet, indem die Abgrenzung um Eva oben links eine kleine Öffnung hat, durch die ein Fuchs hereinschaut. Der kleine Fuchs steht, wie Eva sagte, symbolisch für mich. Damit drückte Eva aus, daß ich, ihre Analytikerin, auch mit drin im Feuer war und erkannte, was mit ihr vorging. Der Fuchs steht wegen seiner Schlauheit, seinem Witterungsvermögen und seiner Hellsichtigkeit in der Nacht oft in Träumen und Sandbildern für den

Therapeuten als Seelenführer.[35] Wegen seiner roten Farbe wird er auch in Verbindung gebracht mit dem Feuer – und dem Teufel! Wenn also Eva hier den kleinen Fuchs in Beziehung setzte zu mir, bedeutet das, daß sie Vertrauen hatte in meine Fähigkeiten, sie durch das Höllenfeuer zu begleiten. Innerpsychisch kann es aber auch heißen, daß ihr eigener innerer »Fuchs« über ihren Prozeß wachte.

13. Sandbild (Abb. 28)

Im vorangegangenen Bild war das Element Feuer dominant – Eva im Feuer der Wandlung. Hier nun sehen wir – überraschend, beinahe erlösend – eine wohltuend friedliche, ländliche Szene. Das Bild ist geprägt vom Element Erde, einer fruchtbaren *Erde*, die *grünt* und *Leben* hervorbringt.

Erinnern wir uns an das dritte Sandbild, an die kraftvolle Darstellung der Erdmutter in ihrem Haus (Abb. 18): damals wurde der Archetyp der guten Erde konstelliert. Jetzt, beinahe ein Jahr später, sehen wir die Auswirkung dieser Energien auf Evas alltägliches Leben. Dasselbe Thema, das im archetypischen Bild damals noch bewußtseinsfern dargestellt wurde, gestaltet Eva nun bewußtseinsnah, indem sie die »gute Erde« im gesunden, fruchtbaren, alltäglichen Landleben zeigt.

In der Mitte sehen wir ein großes behäbiges Bauernhaus, das unter seinem mächtigen Dach, vergleichbar einer guten Mutter, seine Bewohner beschützt und zusammenhält. Ein kleines Kind im Kinderwagen wird von einem Großelternpaar behütet. Ein Mann arbeitet im Holz (am unteren Rand), und eine Frau füttert Kühe und Schafe. Hinter dem Haus gibt es Blumen und Feldfrüchte, und in einem kleinen Bach schwimmen zwei Fische.

Das Ganze stellt, wie unschwer zu erkennen ist, die tragende, fördernde Familiensituation dar, die Eva in ihrer Kindheit gebraucht hätte, die sich aber erst jetzt im therapeutischen Prozeß geformt hatte. Ähnliches sagt das Motiv in der rechten unteren Ecke aus (raumsymbolisch im Quadrant der persönlichen Mutterbeziehung). Dort sitzt versteckt im Grünen eine runde, mütterliche Frauenfigur. Sie nährt und hegt ein helles und ein dunkles Kind. Diese kleine Gruppe bringt zum Ausdruck, daß Eva sich nun als ganzer Mensch mit ihren hellen, lichten, und ihren dunklen, düsteren Seiten mütterlich angenommen fühlt. Sei es, daß sie dies von ihrer Therapeutin, ihren Mitmenschen oder der »Welt« erlebte, sei es, daß sie selbst ihre beiden Seiten annehmen konnte.

Das ganze grünende, fruchtbare Bild drückt aus, daß Eva »auf die gute Erde gekommen« ist und nun wachsen kann, vergleichbar einem Samenkorn, das in fruchtbare Erde fällt, dort Wurzeln schlagen und wachsen kann. Durch das Hineingeboren-werden in die konkrete Welt, durch das Fußfassen auf der Erde, wird auch erst ein Wachstum nach oben, eine fundierte geistige Entwicklung möglich. Den Beginn dieser Entwicklung sehen wir dargestellt in der linken oberen Ecke, dem symbolischen Raum für das geistige, religiöse Leben. Aus einem frisch umgegrabenen Acker picken Tauben, alte Symbole für das Geistige, die Inspiration und den sublimierten Eros[36], ihre Nahrung. Ein hoffnungsvolles Bild für Evas zukünftige Entwicklung!

Nach den vorangegangenen Bildern des Leidens, von denen in diesem Buch ja nur wenige aus einer langen Reihe gezeigt werden, wird leicht verständlich, daß dieses Bild nicht nur für Eva, sondern auch für mich als ihre Analytikerin eine besondere Bedeutung hatte. Wie früher gesagt, gehen ja die Sandbilder als psychisch wirkende Energiequellen den im Alltag sichtbaren

Abb. 24: Eva, 9. Sandbild.

Abb. 25: Eva, 10. Sandbild.

Abb. 26: Eva, 11. Sandbild.

Abb. 27: Eva, 12. Sandbild.

Abb. 28: Eva, 13. Sandbild.

Abb. 29: Eva, 14. Sandbild.

Abb. 30: Eva, 15. Sandbild.

Abb. 31: Eva, 16. Sandbild.

Entwicklungen um Monate voraus. In Evas von dauernder seelischer Instabilität und Auflösungstendenzen gekennzeichnetem Zustand schien mir dieses Bild nun anzuzeigen, daß Evas »Ich« sich verfestigte und formte. Bildlich gesprochen zeigte sich nach der langen, dunklen Zeit des Leidens eine Neugeburt an, in eine grünende, gesunde Lebensgrundlage hinein.

Im Zusammenhang mit dieser »grünen Ebene« steht auch das Motiv in der rechten oberen Ecke. Wie Eva sagte, stellt es das Reich der Vegetationsgöttin dar. Diese steht als »die Grüne«, bekränzt mit Blumen und Blättern, vor ihrem Schloß. Eine kleine gelbe Figur tritt in ihr Reich ein.

Bekannter ist eher »der Grüne«, z. B. als Vegetationsgottheit oder als Chidr, der geheimnisvolle, islamische Diener Gottes, der der »Ewig Junge« oder der »Grünende« genannt wird.[37] Grün ist im Islam eine heilige Farbe, es steht symbolisch für das Leben an sich. Dazu gehört auch der Lebensprozeß des Menschen, der, wenn auch oft auf langsamen, schwierigen und zunächst unverständlichen Wegen, zur Entwicklung des in ihm angelegten Potentials drängt. Wie Jung sagt, ist der Drang und Zwang zur Selbstverwirklichung ein Naturgesetz und daher von unüberwindlicher Kraft.[38]

Hier im Bild steht eine grüne *weibliche* Gottheit, die ich vor Jahren für das Sandspiel formte, weil mir schien, ich müßte eine Figur zur Verfügung haben, die das Wesen des grünen, vegetativen Lebens in der äußeren Natur und der inneren Natur des Menschen verkörpert. Diese grüne Ebene ist uns so selbstverständlich geworden, daß sie im allgemeinen vernachlässigt oder sogar als »niedrig« und »ungeistig«, verachtet wird. Sie ist mir aber sehr wichtig, da sie die tragende, nährende Grundlage unseres Lebens bildet. Auch die Geistigkeit des Menschen muß in ihr wurzeln, da der Geist sonst Gefahr läuft, sich unbezogen auf die konkreten, irdischen Grundbedingungen abzuheben, womit eine ungesunde Spaltung zwischen Geist und Körper entsteht. (Es versteht sich daher, daß gerade für Menschen, die an einer derartigen Spaltung leiden, das Sandspiel *die* therapeutische Methode ist!)

Die grüne Figur hier ist somit mit meinem Wesen und meiner Überzeugung verbunden. Die gelbe verkörpert Eva. Die beiden Figuren stehen in diesem Bild für die Übertragungssituation zwischen Eva und mir. Ohne daß es je wörtlich ausgesprochen wird, spürt ein Analysand, ob sein Analytiker in positiver Weise durchdrungen ist von der Kraft der grünenden Gottheit. Durch die tiefe und enge Verbundenheit während einer langen und intensiven Analyse wird die Kenntnis vom und das Vertrauen in die Sinnrichtigkeit des Lebensprozesses vom Analytiker wortlos, allein durch seine menschliche Haltung, auf den Analysanden übertragen. Das Vorbild des Analytikers bewirkt im Analysanden eine Resonanz, eine Gleichschwingung, die im gegebenen Fall heilend wirkt.

14. Sandbild (Abb. 29)

Hier begegnen wir wieder dem Motiv der Resonanz. Auf der linken unteren Ecke des Kastens sitzt eine blaue, Harfe spielende Meerfrau. Sie schwingt zusammen mit der zentralen, von Blumen umgebenen Frauenfigur, die für Evas »Ich« steht. Musik und Blumen symbolisieren das tiefe Gefühl der Lösung, der Erlösung und der echten Trauer, das Eva, wie sie sagte, nach der langen angespannten Zeit des Leidens erfüllt. Sie weint und weint, so daß ihre ganze Seelenlandschaft vom Wasser der Tränen überflutet wird. Der Graben um den zentralen Hügel wird aufgefüllt und der äußere Wall, der Eva schützte, aber auch von der Umwelt isolierte, wird aufgebrochen. Es scheint, als ob Eva die alten Persönlichkeitsstrukturen auflösen und von sich abwaschen wollte. Es ist ein innerer Reinigungsprozeß, gleichsam ein Eintauchen in die eigenen Wasser der Erneuerung.

15. Sandbild (Abb. 30)

Dieses Bild zeigt die einfache, aber konzentrierte Darstellung eines bedeutsamen Geschehens. Aus der äußeren Struktur der Vierheit, der Grundordnung der psychischen Orientiertheit[39], steigt aus der Tiefe der Mitte als Quintessenz der weiße Seelenfisch auf. Wir kennen ihn aus Abb. 22, wo er im Zusammenhang stand mit Evas eigenem Grab. Nach einem monatelangen psychischen Wandlungsprozeß erscheint er nun wieder, als Symbol für Evas neugeborene Seele.

16. Sandbild (Abb. 31)

Nun strahlt die Sonne! Dieses letzte Bild in der Reihe ist von einer ganz besonderen Schönheit und Aussagekraft. Es erinnert an den Urhügel, das spontane Mandala des ersten Bildes (Abb. 16), aber durch das zentrale Motiv der Sonne auch an das eindrückliche Urbild der Sonne (Abb. 17). Wir sehen ein vollkommen zentriertes, diesmal bewußt gestaltetes Mandala. Von der erhöhten Sonne gehen, wie Wellen im Wasser, verschiedene konzentrische Kreise aus.

Eva sagte dazu: »Die Sonne symbolisiert das Licht und die Kraft des göttlichen Bewußtseins. Davon gehen Strahlen aus, wie Hände, die die Welt hin bis zu den Menschen berühren. Die Kugeln stellen die noch ungeformte, frei fließende Energie zwischen der Sonne und der Welt dar.« (Eva kannte die keltischen Vorstellungen von der Fluß- oder Wasserwelt als der feinstofflichen, bewegten Energie nicht. Jedoch habe ich auch oft in den Sandbildern anderer Analysanden diese Glaskugeln gesehen als Ausdruck für noch nicht geformte, potentielle Energien.) Weiter sagte Eva: »Der grüne Kreis stellt die Erde dar. Dann berühren die Strahlen die Menschen: Frauen und Männer. Die Muscheln hinter den Menschen sind ihre Schutzschilde gegen den äußersten Kreis, das verschlingende Unbewußte, dargestellt durch Schlangen, Krokodile und archaische Ungeheuer. Vom linken unteren Rand her wachsen die Menschen im Gegenuhrzeigersinn langsam aus der Erde heraus. Mit ihnen wächst ihr Schutzschild. – Die Hände der Sonne als Strahlen des göttlichen Bewußtseins berühren die Menschen. Mit dem wachsenden Bewußtsein der Menschen wächst auch ihr Schutzschild gegen die Ängste und das Grauen der »Nacht« bzw. gegen die Ängste, die den Menschen aus ihrer eigenen Unbewußtheit erwachsen.«

Evas sinnvoller Kommentar spricht für sich selbst. Doch wenn wir das Sandbild genau betrachten, fällt uns noch ein bedeutsames Detail auf: die Muscheln hinter den Menschen wirken wie Reflektoren. Dadurch werden die Strahlen der Sonne, des göttlichen Bewußtseins, zurückgeworfen. Sie sind aber gewandelt worden durch die Menschen. Jedes menschliche Individuum wandelt die göttliche Energie in persönlicher Weise und strahlt sie an ihren Ursprung zurück. Es entsteht eine Wechselbeziehung zwischen Gott und den Menschen, oder anders ausgedrückt: die Energien der Urbilder wirken auf die Menschen ein, und die dadurch gewandelten Menschen wirken wiederum zurück auf die Gestalt der Urbilder. Da aber die großen archetypischen Energiefelder, besonders das dominante Gottesbild einer Kultur, nicht nur für den einzelnen, sondern vor allem auch für das Kollektiv prägend sind, besteht nicht nur eine energetische Wechselbeziehung zwischen dem einzelnen und den Urbildern, eben z. B. dem Gottesbild, sondern auch zwischen den Urbildern und dem Kollektiv. *Aus dieser Sicht hat die schöpferische Imagination und die damit verbundene Bewußtseinserweiterung des einzelnen Menschen eine große Bedeutung. Denn sie trägt* – im Guten wie im Schlechten – *zur Weltschöpfung und zur kollektiven Bewußtseinsbildung bei.* Ausschlaggebend für die positive oder negative Auswirkung ist dabei die persönliche ethische Verantwortlichkeit jedes einzelnen Menschen.

Auf der innerpsychischen Ebene finden wir wieder das Prinzip der Resonanz, hier der Resonanz zwischen der übergeordneten Ganzheit, Evas Selbst, und Evas gewachsenem und noch wachsendem Ich-Bewußtsein. Die acht Figuren im Bild stellen die verschiedenen Stadien des Wachstums von Evas bewußter Persönlichkeit dar.

Die Zahl Acht mag in diesem Bild als statisches Ordnungsprinzip bedeutsam sein, mehr noch sehe ich sie als Neubeginn nach Ablauf einer vollendeten Zeitspanne. Acht steht für den achten Schöpfungstag, d. h. für die mit der Geburt Christi neu beginnende Schöpfung.[40] Hier symbolisiert sie einen Neubeginn, Evas Wiedergeburt in eine gefestigte und bewußtere Seinsweise.

Dieses zusammenfassende und ausstrahlende Sandbild war nicht das letzte, aber es markierte sozusagen den Zusammenschluß von Evas unbewußtem Prozeß im Sandspiel und ihrem bewußten Leben. Damit begann der zweite, verbale Teil in Evas therapeutischem Prozeß: die bewußte Auseinandersetzung mit sich selbst, ihrer Umwelt und ihrem Gottesbild. Nach einigen Monaten legte sie aus eigenem Entschluß Medikamente und Alkohol beiseite und wandte sich mehr und mehr ihrer Familie und ihrer Ausbildung zu.

Abschließend fasse ich noch einmal die Schritte in Evas Entwicklungsprozeß zusammen, im Vergleich zu den einzelnen Stufen des, psychologisch gesehenen, alchemistischen Prozesses. Dabei folge ich Jungs Text aus »Psychologie und Alchemie«:

Die Schwärze, »nigredo« ist als Anfangszustand entweder von Anfang an vorhanden oder durch Zerteilung der Elemente erzeugt. Ist der zerteilte Zustand vorausgesetzt, wie das gelegentlich vorkommt, dann wird eine Vereinigung der Gegensätze durchgeführt unter dem Gleichnis der Vereinigung des Männlichen und des Weiblichen (conjunctio). Dann tritt der Tod des Vereinigungsproduktes ein (mortificatio) mit der entsprechenden Schwärzung. Aus der »nigredo« führt die Abwaschung (ablutio) direkt zur Weißung, oder die beim Tod entwichene Seele wird dem toten Körper wieder vereinigt zur Belebung desselben. Damit ist das erste Hauptziel des Prozesses, nämlich die »albedo« erreicht, welche von vielen schon so hoch gepriesen wird, als ob das Ziel überhaupt erreicht wäre. Es ist der Silber- oder Mondzustand, welcher aber noch bis zum Sonnenzustand gesteigert werden soll. Die »albedo« ist gewissermaßen die Dämmerung; aber erst die »rubedo« ist der Sonnenaufgang.[41]

Bei Eva war die »nigredo« als Anfangszustand vorhanden. In der langen, dunklen Zeit ihrer Depression erlebte sie sich selbst zerteilt und aufgelöst. Nach Beginn der therapeutischen Arbeit am Sandkasten konstellierte sich auf der archetypischen Ebene eine erste Vereinigung der Gegensätze (siehe Abb. 20 und Abb. 21), die in der Darstellung des gekreuzigten Christus gipfelte. Auf der Basis der vereinten Kräfte erfolgte dann über Monate der Durchgang durch die »nigredo« und »mortificatio«, nämlich die Begegnung Evas mit ihrer Dunkelheit und ihrem Leiden, was den Tod und die Auflösung ihrer bisherigen Persönlichkeit zur Folge hatte. In der tiefsten Dunkelheit trat die Wende ein zum Aufstieg in die Heilung, zur Neugeburt (siehe Abb. 25). In der Folge mußte Evas neugeborenes Ich gewissermaßen durch das Feuer gehen, um sich zu verfestigen und Fuß zu fassen in der fruchtbaren, mütterlichen Erde (siehe Abb. 27 und Abb. 28). Abbildung 29 stellt die reinigende und lösende Kraft der Tränen dar, alle Überreste des alten Ich werden durch die echt empfundene Trauer abgewaschen. Die »ablutio« im alchemistischen Prozeß wird manchmal auch »baptisma« genannt, was auf die reinigende Kraft des Wassers in der Taufe hinweist. Das heraufsteigende Licht in der Dämmerung, der »albedo« oder Weißung, symbolisiert der aufsteigende weiße Seelenfisch in Abbildung 30, dem wir zum ersten Mal im siebten Sandbild (Abb. 22) begegneten. Damals stellte er das in Evas unbewußter Seele verborgene Wissen dar, daß letztlich die positiven Kräfte stärker sein würden als die negativen. Die »rubedo«, den Sonnenaufgang, können wir im letzten Sandbild (Abb. 31) miterleben. Der Sonnenaufgang ist Sinnbild für »den neuen Tag« in Evas Leben, für eine neue bewußte Lebensweise. Auch stellt das Bild eine zweite »conjunctio« dar, diesmal eine Vereinigung der Gegensätze von Bewußtem und Unbewußtem, aber auch von Ich und Selbst.

Doch wie ich früher sagte, bedeuteten die Energien aus dem durchlebten Prozeß für Eva nicht das Ende der therapeutischen Arbeit. Damit war erst die große Wunde der frühen narzißtischen Störung geheilt. Die Heilung dieser Verletzung in den frühesten und am schwersten erreichbaren Schichten von Evas Persönlichkeit war eine unbedingte Voraussetzung für ihre spätere Konfrontation mit sich selbst und der Umwelt. Um ein Bild aus der Natur zu verwenden: dieser langdauernde Prozeß, der von Eva und mir, ihrer Therapeutin, große Geduld und Durchhaltevermögen verlangte, war erst die Arbeit an der Wurzel. Doch wissen wir, daß sich die schönsten Anlagen in einer Pflanze nicht entwickeln können ohne gesunde Wurzeln. Auch Evas gestalterische und geistige Fähigkeiten, die aus ihren Sandbildern sehr deutlich werden, hätten ohne die Heilung ihrer narzißtischen Verwundung nur geringe Entfaltungsmöglichkeiten gehabt. Dieses Bild aus der Pflanzenwelt für den psychischen Heilungsprozeß wird aber dem wirklichen Geschehen nur teilweise gerecht. Es bleibt ganz im Naturhaften, wohingegen ein therapeutischer Prozeß ein Kultivierungsvorgang, eine *bewußte* Zusammenarbeit von Analytiker und Analysand ist. Auch wenn, wie in Evas Fall, die erste Phase des heilenden Sandspielprozesses vorwiegend nonverbal und für den Analysanden unbewußt verläuft, bekräftigt dieser aber doch seinen bewußten Wunsch und Willen zur Heilung, indem er durch die regelmäßige Konfrontation mit seinem Unbewußten in der schöpferischen Gestaltung am Sandkasten aktiv an seiner Heilung arbeitet. Dem Analytiker hingegen muß selbstverständlich bewußt sein, was im Analysanden vorgeht, doch besteht seine Kunst darin, daß er nur so viel von seinem Wissen ausspricht wie unbedingt notwendig ist. Weil die analytische Arbeit den Naturvorgang des Wachsens wohl in sich enthält, grundsätzlich aber ein Kultivierungsprozeß ist, komme ich noch einmal auf das früher entworfene Bild vom Bau des Seelenhauses zurück, in dem ich den Analytiker mit dem Bauführer verglich. Er ist nicht der Architekt des seelischen Hauses, das ist die innere, anordnende Instanz des Analysanden. Der Bauführer hingegen, bzw. der Analytiker, muß die Pläne dieser inneren Instanz verstehen, er muß dafür sorgen, daß alles richtig ausgeführt wird, und er muß auch eingreifen, wenn Fehler gemacht werden. Er leistet also mit seinem Wissen und Können einen sehr wesentlichen Beitrag zum Aufbau der seelischen Behausung seines Analysanden.

Der im Sandspiel durchlebte Prozeß Evas entspricht nun vor allem dem Bau der Fundamente ihres Seelenhauses. Er vollzog sich weitgehend unter der Erde, im Unbewußten, d. h. in den, dem Bewußtsein nicht oder nur sehr schwer zugänglichen Schichten der frühesten Kindheit. Über der Erde – in Evas Alltagsleben – ahnte man, das unter der Erde etwas vorging, doch wurde davon nur sehr langsam etwas sichtbar, denn die Sandbilder nehmen die Entwicklung eines Menschen um Monate, wenn nicht Jahre voraus. Die »Untergrundarbeit« im Sand ist aber absolut notwendig, weil wegweisend und kräftespendend für die spätere bewußte Arbeit an sich selbst. So war es auch in Evas Fall. Der langsame Aufbau des über der Erde sichtbaren Seelenhauses, also von Evas bewußter Persönlichkeit, vollzog sich in der nachfolgenden verbalen Analyse, aber auf dem Fundament des vorangegangenen, vorwiegend unbewußt durchlebten Sandspielprozesses.

7 Maria – der Heilungsprozeß eines Kindes

Nach dem eindrücklichen, aber auch schwierigen Weg zur Heilung einer erwachsenen Frau, möchte ich nun die ersten Bilder aus der Therapie mit einem Kind vorstellen. Es geht mir in diesem Fall nicht so sehr um die ausführliche Darstellung des ganzen Therapieverlaufes, den ich früher an anderem Orte vollständig beschrieben habe[42], sondern um die in Marias Bildern besonders deutlich erkennbaren Bewegungen der psychischen Energie. Ich wüßte nicht, wo sonst die Bewegungen in die Höhe und in die Tiefe und die Regression und die Progression der Energien besser verfolgt werden könnten, als im dreidimensional bearbeitbaren Sand.

Ganz allgemein eignet sich die Methode des Sandspiels ausgezeichnet für die Arbeit mit Kindern, weil diese meist noch eine ungebrochene Freude am spielerischen Gestalten haben und durch ihr natürliches Verständnis für die Symbolsprache der verwendeten Figuren die äußere Realität und ihre innere Welt »spielend« in Einklang bringen können.

Meistens verlaufen Sandspieltherapien mit Kindern ebenso intensiv wie mit Erwachsenen, sind aber doch weniger kompliziert und langdauernd, da die Ursachen der kindlichen Störungen nicht so viele Jahre zurückliegen und noch weniger überlagert sind von sekundären Problemen als bei Erwachsenen.

Maria war sieben Jahre alt und kam im Sommer ihres ersten Schuljahres zu mir in Therapie. Sie war das erste Kind in der Familie, ein eigenwilliges und aktives Kind, ihren Altersgenossen intellektuell voran, körperlich ganz gesund. Jedoch war sie seit einiger Zeit zu Hause sehr aggressiv, war oft in Opposition und hatte Schwierigkeiten sich auszudrücken. Sie fand sich selbst häßlich und mochte sich nicht. Besonders große Mühe hatte sie mit der sozialen Anpassung, auch hatte sie Angst vor Wasser und vor allem Neuen, z. B. vor dem Schulweg und der Pause. Zusammenfassend kann man sagen, daß der Mangel an liebendem Bezug zu sich selbst und der Mangel an Urvertrauen in sich selbst und in die Welt auf eine Urbeziehungsstörung hinwies, die sich jetzt, beim Übergang von der Kleinkinderwelt zur Welt der Schule, störend und entwicklungshemmend bemerkbar machte.

Die Schwierigkeit in Marias Familie lag hauptsächlich in der Überbewertung des Männlichen, des rationalen Denkens und der zielstrebigen intellektuellen Leistung. Die weiblichen Werte, wie z. B. Instinktsicherheit und eine vertrauensvolle Beziehung zum eigenen körperlichen und seelischen Leben, waren dadurch schwach entwickelt, was besonders Marias Mutter beim Übergang von einer intellektuellen, akademischen Ausbildung zur Mutterschaft große Schwierigkeiten bereitete. Maria war als erstes Kind besonders stark von dieser Unsicherheit ihrer Mutter betroffen. Umso eindrücklicher war es zu verfolgen, wie die Wandlung und Erstarkung ihrer Persönlichkeit durch die Therapie zurückwirkte auf die ganze Familie und dort eine große Veränderung und positive Entwicklung auslöste.

Nach einer sorgfältigen Besprechung der bisherigen Entwicklung des Kindes, seinen Schwierigkeiten und dem familiären Hintergrund mit den Eltern Marias, wurde vereinbart, daß sie jede Woche eine Stunde zu mir kommen solle. Es wurde ihr freigestellt, ob sie im Sand spielen wollte oder nicht, aber als sie in der ersten Stunde in den Therapieraum kam, ging sie, wie getrieben von etwas, sofort zum Sandkasten und den Regalen mit den Figuren. Dort ergriff sie ein großes hölzernes Känguruh und ein grausiges Krokodil. Dieses verfolgte nun das Känguruh kreuz und quer durch den Sandkasten. Maria sagte, *das böse Krokodil wolle das liebe Känguruh auffressen.* – Danach gestaltete sie das erste Sandbild.

Was sagt uns dieses Initialmotiv? Wir haben es mit zwei krassen Gegensätzen zu tun, wobei der böse Teil den lieben Teil verschlingen will. Der liebe Teil, *das Känguruh*, ist sicher eines der verbreitetsten tiergestaltigen Symbole für das Enthaltensein des kleinen Kindes in der schützenden, wärmenden und nährenden Mütterlichkeit, die für das Kind am Anfang so lebenswichtig ist. Es drückt für die Kinder aber nicht nur das körperliche, sondern auch das seelische Getragenwerden durch die Mutter aus, die warme Gefühlsbeziehung einer positiv erlebten Mutter-Kind-Urbeziehung.

Die positiv erlebte Urbeziehung zur Mutter (oder unter Umständen auch zum Vater) und das Enthaltensein des Kindes in ihr, bilden nicht nur die Grundlage seiner Beziehung zu seinem Körper, sondern sie sind auch Grundlage des zwischenmenschlichen Miteinanderseins, d. h. aller emotionalen Bezogenheit auf den Mitmenschen. Von der Urbeziehung ist auch die Entwicklung eines gesunden Ich und eine gesunde Beziehung dieses Ich zu »seinem« Unbewußten und damit zum Selbst abhängig.[43]

Wir sehen, wie wichtig die geglückte Urbeziehung ist, und damit ihr Symbol, das Känguruh. In ihr erlebt das Kind das Gefühl des Urvertrauens, das eine sichere Basis für seinen Start ins Leben bildet. Leben heißt aber Auseinandersetzung, dramatisches Erleben des eigenen Körpers, der eigenen Seele, der Familie, der Schule, der »großen Welt« mit allen Freuden und Leiden, Hoffnungen und Ängsten. Je nachdem dominiert das Vorwärtsgehen, die Entwicklung und der Drang zur Selbstverwirklichung oder aber das Zurückweichen, die Angst, die Ohnmacht und Hilflosigkeit gegenüber der furchterregenden dunklen Seite des Lebens. Beide Seiten erlebt das Kind immer wieder, die geglückte Urbeziehung aber ist ein Schutz für das Kind gegen das Festgehaltenwerden in der Dunkelheit. Sie gibt dem Kind, und später auch dem Erwachsenen, immer wieder die Kraft, die Zeiten der Dunkelheit als Zeiten der inneren Wandlung zu erleben und als Durchgang zu einer neuen Lebensmöglichkeit.

Man darf aber nicht vergessen, daß das Verbleiben in der Mutter-Kind-*Einheit* entwicklungsmäßig seine bestimmte Zeit hat, nach einem gewissen Alter aber ein Zurückweichen vor dem Leben bedeutet. Dann wird die anfängliche Geborgenheit im Mütterlichen zum Gefängnis, in dem das Kind zurückgehalten wird in seiner Entwicklung. Der Grund dafür, daß das Kind nicht auf natürliche Weise vorwärtsgehen und »den Beutel des Känguruhs« verlassen kann, liegt meistens in einer von Mutter und Kind als ungenügend erlebten Phase der engen, liebenden und im wahren Sinne lebenspendenden Urbeziehung zwischen Mutter und Kind. Die Mutter kann dann ihr Kind nicht freigeben für einen neuen Lebensabschnitt, und das Kind wird von seinem körperlichen Entwicklungsstand her gestoßen, die Mutterwelt zu verlassen, kann dies aber nicht, weil es diese Mutterwelt ja noch gar nicht in genügendem Maße durchlebt und als Kraftquelle integriert hat.

Maria schien sich zur Zeit des Therapiebeginns mit dem Jungen im Känguruhbeutel zu identifizieren, fühlte sich aber verfolgt von einer großen, bedrohlichen Kraft, dem »bösen Krokodil«.

Vom Krokodil wissen selbst Kinder, daß es im Wasser oder Sumpf lebt. Dort lauert es auf seine Beute und zieht sie unter Wasser, wodurch sie getötet wird. Das Krokodil kann also gleichgesetzt werden mit dem verschlingenden, todbringenden

Aspekt des Wassers, den, wie wir wissen, Maria sehr fürchtete.

Im Wasser nimmt das Leben seinen Anfang, dort kann es aber auch wieder ein Ende nehmen. Der Mensch wird aus dem Fruchtwasser im mütterlichen Uterus geboren, kann aber, einmal ein atmendes Wesen geworden, nicht mehr ganz ins Wasser zurückkehren. Nur im Bade oder im ursprünglichen Taufritual kann er wiedereintauchen ins Element seines Anfangs und wieder heraussteigen als ein symbolisch Wiedergeborener.

Im übertragenen Sinn ist das Wasser *das* Symbol für das Meer der unbewußten, ungeformten, man könnte auch sagen, ungeborenen Kräfte. Das vorübergehende Eintauchen ins Wasser kann für den Menschen eine Belebung durch neue Energien bedeuten. Das Versinken darin aber eine Regression in einen unbewußten, formlosen Zustand, was einer Gegenbewegung zur Bewußtseinsentwicklung gleichkommt.

Maria zeigte mir durch ihr kurzes Spiel, daß sie wirklich in Not war und große Angst hatte. Aus ihrer Geschichte wußte ich, daß sie einerseits an ihrer unerfüllten Urbeziehung litt und daher kein Vertrauen und keine Kraft hatte, um vorwärts zu gehen in ihrer Entwicklung. Andererseits drückte ihr Spiel aus, daß sie bedroht und gejagt wurde vom Krokodil, nämlich von einer drohenden Regression in einen unbewußten Zustand. Das hätte für sie eine psychische oder physische Krankheit bedeutet.

Die Möglichkeit zur Hilfe und Heilung in einer Psychotherapie liegt nun darin, daß das Kind im geschützten Raum der therapeutischen Atmosphäre symbolisch zurückgehen kann ins Urwasser des mütterlichen Uterus und von dort her noch einmal die lebenswichtige Urbeziehung, diesmal mit dem Therapeuten, durchleben kann. Das gelingt aber nur, wenn der Therapeut das Kind echt annimmt und getreulich schützend und führend durch die Regression und den nachfolgenden Wiederaufbau der Persönlichkeit begleitet.

Betrachten wir nun, was Maria in ihrem ersten Sandbild darstellt, und vergessen wir nicht, daß das Spiel für ein Kind nicht »nur ein Spiel«, sondern wirkliches Erleben ist.

1. Sandbild (Abb. 32)

Das Bild erscheint auf den ersten Blick etwas ungeordnet, aber die reiche symbolische Gestaltung drückt eine starke Imaginationskraft und ein intensives emotionales Leben aus.

Als Lebewesen sehen wir keine Menschen, nur Tiere; das Bild gehört also in die animalische Stufe der kindlichen Entwicklung, in der das Kind unbewußt oder vorbewußt in der Welt des Körperlichen, der Instinkte, Triebe und Emotionen lebt. Die Tiere stellen verschiedene aktive, sich bewegende Aspekte dieser Welt dar. Die Pflanzen hingegen sind fest verwurzelt in der Erde, sie verkörpern die vegetative Stufe der kindlichen Entwicklung und umfassen etwa das erste Lebensjahr.

Im Zentrum des Bildes erhebt sich ein runder Hügel, wie eine erste Erhebung aus der Ebene des unbewußten Lebens. – Der Hügel erinnert an ein Bild aus der Natur, wenn die Erde sich wölbt, um aufzubrechen und einen herausdrängenden Keimling freizugeben. Dieser Keimling ist vergleichbar dem wachsenden Ich des Kindes, das im Laufe seiner Entwicklung herauswächst aus der Mutter Erde, der Dunkelheit des unbewußten Zustandes, in die Welt des Lichtes, wo es sehend wird.

Durch dieses Aufbrechen der Erde wird eine Öffnung nach oben, eine Verbindung zum Licht, zum Himmel hergestellt. Der

Übergang von einer Daseinsform in eine andere wird ermöglicht. Die Verbindung zwischen Himmel und Erde kann ausgedrückt werden in einem Berg, der den Menschen dem Himmel näher bringt, durch eine Leiter, einen Baum oder die Weltsäule.[44] Diese Weltsäule ist immer »in der Mitte«, im Nabel der Welt, sie ist auch das Zentrum der persönlichen Welt, wie groß oder wie klein diese Welt des einzelnen Individuums auch sein mag. Jedes Sandbild stellt die individuelle Welt des weltschaffenden Menschen dar. Somit steht auch hier im Bild Marias der Berg für ihre persönliche Weltachse, ihre Verbindung zwischen Himmel und Erde. Darauf sitzt nun aber das Krokodil, eine Bedrohung für alles, was ans Licht kommen möchte. Das würde heißen, das Krokodil als verschlingender Aspekt des Unbewußten verhindert Marias Wachstum nach oben, die Entwicklung eines differenzierenden Bewußtseins.

Links um den Krokodilhügel führt ein schmaler Wassergraben, der in der rechten unteren Ecke in einen kleinen Teich mündet. In diesem Graben fährt ein großes *grünes* Schiff, von hinten getrieben von einer gefährlichen Schlange. Im Schiff steht ein Marienkäferchen mit einem Schirmchen. Es ist die einzige Figur im Bild, die irgend etwas Menschliches an sich hat. Sie steht über den anderen Tieren. Maria verwendete sie beinahe in jedem der folgenden Sandbilder wieder. Maria fand, das Käferli (siehe Abb. 39) sei sie selbst, es hat demnach eine ganz zentrale Bedeutung.

Betrachten wir das Schiff, in dem das Käferlein fährt. Schiffe, Wagen, Schlitten (siehe nächstes Sandbild, Abb. 33) haben die Funktion, eine Person oder eine Sache von einem Ort zum andern zu bringen. In den Kulten verschiedener Religionen wurde das Gottesbild in diesen Gefährten herumgeführt. Immer wird damit eine Bewegung, ein Übergang, ein Übergangsritus ausge-

Abb. 32: Maria, 1. Sandbild.

Abb. 33: Maria, 2. Sandbild.

Abb. 34: Maria, 3. Sandbild.

Abb. 35: Maria, 4. Sandbild.

Abb. 36: Maria, 5. Sandbild.

Abb. 37: Maria, 6. Sandbild.

Abb. 38: Maria, 7. Sandbild.

Abb. 39: Das Marienkäferli, Symbol für Maria.

drückt.[45] Ein Übergangsritus par excellence ist natürlich der von einer Altersklasse in die andere, in Marias Fall von der Kinderwelt in die bewußtere Welt des Schulkindes. Dieser Übergang ist einer der schwierigsten und zugleich wichtigsten in der Entwicklung eines Menschen, weil er aus dem *»natürlichen«*, unbewußt *animalischen*, im Körperlichen verhafteten Dasein hinüberführt in ein höheres Leben, das zugleich ein *religiöses, geistiges* und *kulturelles* Leben ist, das erst den Sinn des *menschlichen* Lebens ausmacht.

So darf man wohl das breite, grüne Schiff als den Ausdruck dieser noch ganz im »Natürlichen« verhafteten Seinsweise Marias ansehen. Darin ist der Käfer, Symbol für Marias vorbewußtes Ich, nun getrieben von der Schlange, auf der Fahrt zurück in den kleinen Teich, der mit seinem Wasser die Fische und Küken umfängt, wie eine Mutter ihre Kinder. Er steht für die Ursituation des Enthaltenseins im mütterlichen Uterus. Dies bedeutet für Maria eine Regression in einen früheren Zustand, in die Mutter-Kind-Einheit, die sie innerlich in der therapeutischen Situation noch einmal nacherleben muß.

Jedes Sandbild ist eine vielschichtige Gestaltung und bringt verschiedene seelische Befindlichkeiten und Energiebewegungen *gleichzeitig* zum Ausdruck. Die beiden Hauptbewegungen in diesem ersten Bild sind die Wachstumsbewegung nach oben, die aber blockiert wird durch das Krokodil, und die Regressionsbewegung zurück in die Situation der Mutter-Kind-Einheit. Offensichtlich wußte Maria unbewußt, daß sie zuerst das notwendige (das die innere Not-wendende!) Urvertrauen gewinnen mußte, bevor ihr geistiges Wachstum einsetzen konnte.

2. Sandbild (Abb. 33)

Nach einer Woche gestaltete Maria das zweite Bild. Es wirkt offen, hell, übersichtlich, als ob sich Marias Problematik klar ausbreiten würde. Auffallend ist am unteren Rand die, durch hinzukommende Tiere und kleine Autos markierte Bewegung von links nach der Mitte. Aus dem Unbewußten fließt Energie in die zentrale Mulde, wo sich auch das Käferlein befindet. In der Mulde sind helle und dunkle Tiere versammelt, einige sind auch in sich weiß-schwarz. Dies zeigt den Beginn einer inneren Differenzierung in die Gegensätze Hell – Dunkel, Gut – Böse an, die für die Entwicklung eines unterscheidenden Bewußtseins notwendig ist.

Im Gegensatz dazu steht das Geschehen auf dem kleinen Hügel in der oberen Mitte des Bildes. Dort sitzen unter Palmen kleine Hasen, und davor sitzt eine gelbe Maus auf einem Schlitten, der von einem Esel nach links, also weg vom zentralen Geschehen, gezogen wird.

Der Esel scheint für Maria ein wichtiges Tier zu sein, wir begegneten ihm schon im ersten Bild am linken Rand und werden ihn in den folgenden Bildern wieder sehen. Man darf wohl sagen, der Esel sei der mindergeachtete Bruder des Pferdes. Wer sich kein Pferd leisten kann, hat doch wenigstens einen Esel, dem er alle Lasten auflädt und den er für sich arbeiten läßt. Der Esel ist zäh und ausdauernd, aber auch eigensinnig und störrisch. Das ist seine Art, sich gegen schlechte Behandlung zu wehren. Vielleicht glauben Kinder, er sei dumm, oft genug hören sie doch das Schimpfwort »Dummer Esel«. Mehr noch aber bemitleiden sie ihn, weil er leidet unter der schlechten Behandlung durch die Menschen. Ganz sicher identifizieren sich Kinder mit dem Esel, weil sie oft wegen ihrer Unwissenheit oder vermeintlichen

Dummheit auch leiden unter den Erwachsenen, und es tröstet sie dann, wenn sie in Kinderbüchern lesen, wie der arme Esel von seinem bedauernswerten Dasein erlöst wurde und irgendwo in liebevolle Pflege kam.

Tröstlich ist für sie auch die Beziehung des Esels zum Göttlichen, zu Christus. Er liegt bei dessen Geburt neben der Krippe, trägt später Christus als Kind und als Erwachsenen – das sehen die Kinder in Bilderbüchern und Bilderbibeln. Kinder sind noch nahe bei Gott, sie haben ein einfaches und richtiges Gefühl für das Göttliche – wenn es ihnen nicht verdorben worden ist! So glaube ich, daß sich die Kinder identifizieren mit dem Esel, der leiden muß in der Welt, aber nahe ist bei Gott. Man kann auch sagen, daß der Esel ganz allgemein das Erleiden und Aushalten der eigenen Schattenseiten bedeutet, die dann aber zur Erlösung, zur Ganzwerdung führen.

Besonders wichtig war für Maria die Figur des Esels in der Geschichte von Pinocchio[46], der zuerst ein Hampelmann, nur ein beseeltes Stück Holz war, und dann durch viele Abenteuer hindurch ein richtiger Knabe wurde, der lesen und schreiben konnte, also wissend war. Zwölf Esel ziehen dort den Wagen, der Pinocchio ins Kinderland bringt, »wo die Kinder nichts lernen müssen, immer nur spielen können«. Auch Pinocchio wollte immer nur spielen und lachen, und so wurde er selber ein Eselein, worüber er dann aber *sehr traurig* war. Diese Trauer bewegte ihn dazu, lernen zu wollen, wodurch er aus seinem Eselszustand wieder erlöst wurde.

Da sich Maria sehr mit der Geschichte vom Pinocchio identifizierte, darf man sagen, daß der Esel in diesem Sandbild für die Wesensseite Marias steht, die sich nicht entwickeln, sondern ein unwissendes Kleinkind bleiben wollte. Damit blieb sie aber auf der animalischen Entwicklungsstufe stehen, worunter wiederum

Marias ganze Persönlichkeit sehr litt. Gerade dieses Leiden aber wurde für sie zur Triebkraft für ihre Weiterentwicklung.

Der Esel zieht also den Schlitten mit der kleinen Maus, die ich als Marias kindliche Seele deute[47], weg aus dem Zentrum nach links ins Unbewußte. Wir finden in diesem Sandbild gleichzeitig eine regressive Bewegung der seelischen Energie aus der Mitte nach links, und auch einen Zustrom von bewußtseinsbildenden Kräften von links zur Mitte.

3. Sandbild (Abb. 34)

Wieder nach einer Woche gestaltete Maria das dritte Bild. Hier fallen große Bewegungen in die Höhe und in die Tiefe auf. Das Bild wirkt aufgewühlt und emotional geladen. Auffallend ragt der hohe, steile Berg aus dem Wasser, in dem Fische und Krokodile schwimmen. Zuoberst auf dem Berg steht in unsicherer Position das Käferlein. Es hat sich wohl verstiegen und kann nicht mehr hinunter. Wohl führen zwei Brücken zum Berg, aber keine Wege hinauf. Das kleine Ich Marias scheint durch seine Verstiegenheit isoliert und in Not geraten zu sein. Es befindet sich in einer Lage, die Erich Neumanns Begriff des kindlichen Not-Ich plastisch illustriert:

> Das negativierte Not-Ich des Kindes ist der Ausdruck eines Vertriebenseins in ein pathologisch verstärktes Ich, das sich auf sich selber stellen muß, ohne seiner Natur und Entwicklungsstufe nach dieser Aufgabe gewachsen zu sein. Hinter seiner gewaltsamen Selbstbehauptung steht immer Angst, Verlassenheit und eine Vertrauenslosigkeit, welche den gesamten Bezirk dessen beinhaltet, was normalerweise von der Urbeziehung umfaßt wird, die Beziehung zum Du, zur Welt, zur eigenen Tiefenschicht, zum Selbst.[48]

Als Gegenbewegung zu dieser Notlage von Marias gegenwärtigem Ich erscheint in der Tiefe des runden Teiches ein gelber Fisch in einem *blauen* Schiff. Wenn wir uns erinnern an das Käferlein im grünen Schiff des ersten Bildes, das zurückfuhr in den mütterlichen Teich, so ist nun in diesem Teich etwas Neues entstanden, wohl durch die geistig-mütterliche Zuwendung der Therapeutin. Der kleine Fisch scheint wie ein Vorbote, ein Keim zu einer neuen Persönlichkeit Marias, der nun in einem geistigen (blau als die Farbe des Himmels, des Geistigen)[49] Schiff fährt.

4. Sandbild (Abb. 35)

In diesem Bild fallen vor allem die vier Brücken auf, die z. T. von Außen über den Rand des Sandkastens zum zentralen Berg hinführen. Sie stehen symbolisch für den Zustrom von Energien von außen her, z. B. aus der Gegenübertragung des Therapeuten auf den Patienten. Wenn dieser dem Kind positive Gefühle entgegenbringt und Positives von ihm erwartet, kann dies ein Erblühen seines Wesens und seiner Gaben bewirken; es wirkt dann wie eine Brücke, über die das Kind zu sich selbst kommen kann. Bezogen auf Maria war das sicher der Fall. Ich hatte Maria lieb gewonnen, was sie bestimmt spürte, obschon sie scheinbar keine Notiz nahm von mir, sondern sich ganz auf ihr Sandspiel konzentrierte.

Von rechts kommen lauter Tiere, zu denen Maria eine warme, liebevolle Beziehung hatte, also positive Kräfte. Auch auf dem Berg finden wir aufsteigende, positive Kräfte, dargestellt durch Zebras, Kamele und Steinböcke. Aber trotz des Zustroms dieser helfenden Energien litt Maria immer noch an der unerfüllten

Urbeziehung, ihre Angst und Unruhe hielt an, und ihr keimhaftes Ich drohte immer noch zurückzusinken in einen unbewußten Zustand.

Dieser Zeitpunkt, wo sich die neue Persönlichkeit des Analysanden im Keime zeigt, aber noch nicht stark genug ist, um sich sicher zu entwickeln, ist sehr heikel und muß mit besonderer Sorgfalt behandelt werden. Jung ging in »Die Psychologie der Übertragung« auf diesen kritischen Zustand in der Analyse ein, wo das Bewußtsein des Analysanden ständig im Unbewußten zu versinken droht. In dieser Desorientiertheit drohe die wertvolle Substanz, die Seele (des Analysanden) zu entweichen. »Letzteres ist ein Paradox, das aus Feuer und Wasser (Gegensätzen) besteht, eben der Mercurius, der als ›cervus fugitivus‹ (flüchtiger Hirsch), stets auf Flucht bedacht ist, d. h. die Integration ins Bewußtsein scheut.«[50]

Die wertvolle Substanz der Seele ist wie ein flüchtiger Hirsch stets auf Flucht bedacht, d. h. sie scheut die Integration ins Bewußtsein. Diese Feststellung gibt den erleuchtenden Hinweis auf das sehr eigenartige und ganz unkindliche Motiv der beiden Hirsche in Marias Sandbild. Rechts unten und links oben stehen je ein Hirsch, die beide durch danebenstehende Lampen als Lichtfiguren gekennzeichnet sind. Der linke obere Hirsch scheint das Bild verlassen zu wollen, er kann als »flüchtiger Hirsch« bezeichnet werden. Auch aus der Stellung der Hirsche im Raum des Sandkastens können wir entnehmen, daß in Marias Psyche eine Bewegung in Richtung auf eine geistige Entwicklung im Gange war (siehe Deutungsschema S. 81). Diese Bewegung von rechts unten nach links oben hat aber kein Ziel, sondern verläuft außerhalb des Sandkastens im leeren Raum. Offenbar bestand die Gefahr, daß der Hirsch als Symbol für das Licht einer höheren Bewußtseinsstufe Marias Welt wieder verlassen könnte. Es bestand mit anderen Worten Gefahr, daß Marias neu aufkeimendes Ich-Bewußtsein nicht stark genug sein und weiterhin das »Krokodil« ihre Entwicklung blockieren würde.

Das Sandbild zeigte demnach an, daß der Zustrom von positiven Energien aus der Gegenübertragung, also von mir als Therapeutin zu Maria, besonders sorgfältig aufrechterhalten werden mußte, um ihr werdendes Ich zu schützen und zu stärken.

5. und 6. Sandbild (Abb. 36 und Abb. 37)

Wieder nach je einer Woche gestaltete Maria das fünfte und sechste Bild, die so eng zusammengehören, daß ich sie zusammen interpretieren möchte.

Von rechts her im fünften Bild bis zum linken Rand im sechsten Bild zieht sich eine große Bewegung der Energien, die sich immer wieder in einen neuen archetypischen Themenkreis ergießen, diesen sozusagen umfließen, und aus den erfüllten Runden weiterströmen zum nächsten Kreis, bis hin zum Rad, das in den Sand eingegraben ist, eine noch tiefere, unbewußtere Stufe darstellend. Wenn man nun davon ausgeht, daß das Rad nicht nur am meisten links liegt, sondern auch am tiefsten Punkt der beiden Bilder, so kann man sich vorstellen, daß die Energien sich nicht in der Ebene verschieben, sondern wie das Wasser eines Brunnens sich von einem höheren Niveau, von einem höheren Bekken, in verschiedene tieferliegende Becken ergießen. Dabei stellt sich jedes Becken wie eine runde Schale dar oder wie eine Entwicklungsstufe des Kindes, in der sich die Energien sammeln, bis sie gefüllt ist, und dann überfließen in die nächst tieferliegende. Die Energien durchlaufen also die Entwicklungsstufen des Kindes rückläufig bis zum Uranfang.

Wenn man umgekehrt am tiefsten Punkt, dem Rad, beginnt, ist es ein Aufstieg von Ebene zu Ebene, wie wir es aus verschiedenen Schöpfungsmythen kennen, z. B. der Hopi-Indianer, wo sich die Entwicklung der menschlichen Kultur im Aufstieg durch verschiedene Weltebenen darstellt.

Der zentrale Kreis im fünften Bild ist wie eine flache Mulde gestaltet und voll ausgefüllt mit Haustieren, die alle zur Ernährung und Erwärmung des Menschen beitragen – ein erfülltes Bild der nährenden, wärmenden, guten Mütterlichkeit, ein erfüllter Aspekt des positiven Mutterarchetyps, in den auch das Käferlein eingeschlossen ist. Ins Zentrum des Kreises setzte Maria eine große Eule mit ihrer Tochter, wobei sie mir zu verstehen gab, daß ich die Muttereule sei und sie die Tochter. – In diesem Kreis erfüllte und manifestierte sich nun die für Maria so lebenswichtige Urbeziehung der Mutter-Kind-Einheit!

Aus diesem Kreis fließen die Energien weiter nach links in einen angeschnittenen Kreis. Hier dressiert ein Männlein wilde Tiere. Das Dressieren von wilden Kräften hat bei einem Kind sicher mit der Erziehung zu tun. Interessanterweise gestaltete Maria gerade nach diesem »Dressurzirkus« rechts unten, in der schattigsten Ecke des Bildes, eine Grube, in die sie eine Wildsau stellte. Maria sagte ganz offen, daß sie sich zu Hause manchmal wie eine Wildsau aufführe. Dann wüte und schreie sie und möchte alles kaputt schlagen.

Die Gegenüberstellung von Erziehung als Dressur und wütender Wildsau zeigt ganz deutlich, daß bei der Umformung des Kindes aus einem Naturwesen in ein angepaßtes, »kultiviertes« Glied der Gesellschaft die Wildsau, d. h. wilde, zerstörerische Emotionalität sozusagen als Nebenerscheinung entsteht. Liebsein, Anständigsein, Rhythmus und Lebensart der Erwachsenen annehmen, das alles verdrängt »böse« Wesensseiten und wilde, ungebärdige Emotionalität, die dann aber wie in Marias Fall, plötzlich aus der Verdrängung hervorbrechen und die Ruhe in der Familie durcheinander bringen.

Gehen wir weiter zum Kreis rechts im sechsten Bild. Hier vereinigen sich die Gegensätze von dressierten Tieren und Wildtieren. In der Mitte stehen eine silberne und eine goldene Muttergottesfigur. Zusammen erfüllt sich in diesem Kreis der Aspekt der »Großen Mutter« als Herrin der Tiere, als Herrin des *animalischen* Lebens,[51] – und die Energien fließen weiter einem neuen Kreis zu.

Hier sehen wir unter Bäumen kleine, der fruchtbaren Erde zugehörige Tiere, Hasen und Hühner. In diesem Kreis des *vegetativen* Lebens[52] stehen das Käferlein, Marias weibliches Ich, und ein Männlein, wohl ihre männliche Seite, vereint zusammen. Aus diesem vegetativen Bereich fließen die Energien weiter, d. h. zwei Esel führen dahin, wo die Gegensätze männlich – weiblich in abstrakter Form dargestellt sind. Links steht ein aufgestellter Pfahl, ein phallisches, männliches Symbol. Rechts finden wir einen Tonkrug und ein Wasserloch. Der Tonkrug ist von seiner Uterusform her ein Symbol für das Urweibliche, und das Wasserloch ist *die* Grundbedingung für das Entstehen von Leben. Vom Standpunkt des Menschen auf der Erde aus symbolisieren das Wasserloch und der Pfahl das Herauskommen des Menschen aus dem mütterlichen Urwasser auf die Erde, den Ort des konkreten Seins, das Hinaufsteigen in die väterliche Welt des Geistes, den Himmel, und die rückläufige Bewegung des Heruntersteigens auf die Erde und das Wiedereintauchen ins Wasser. Dort beginnt der Kreislauf von neuem, darum ist das Wiedereintauchen nicht ein Tod, sondern eine Wiedergeburt.[53] Dieser ewige Kreislauf des Werdens und Vergehens wird dargestellt im Rad, das hier im Sand steht und hinunter reicht auf den Wasser darstellenden Boden des Sandkastens wie ein Wasserrad, das immer neues Wasser hinaufschöpft zur Befruchtung der Felder. Dieses Bild ist vergleichbar der menschlichen Psyche, die immer wieder neue Inhalte aus dem Unbewußten schöpft und ans Licht bringt.

Wie können wir aber verstehen, daß gerade zwei *Esel* zum Rad hinführen? Im Hinblick auf das früher über die Symbolik des Esels Ausgeführte kann man sagen, daß das Rad sich dreht und der Bewußtwerdungsprozeß in Gang bleibt, solange der Mensch unter seiner Unbewußtheit und Unwissenheit, eben seinem Esel, leidet und nach Bewußtwerdung seines Selbst strebt. Hier, wie im zweiten Sandbild, ist das Leiden an der eigenen Unbewußtheit, symbolisiert durch den Esel, die führende Kraft in Marias Entwicklungsprozeß.

Maria war sich all dieser Zusammenhänge nicht bewußt, aber sie war in ihrem Urwasser angelangt und konnte von da aus wieder vorwärtsgehen und ihre Persönlichkeit neu aufbauen.

7. Sandbild (Abb. 38)

Wir sehen einen großartigen Zug von Kühen und Pferden, der in einer weiten, dynamischen Pendelbewegung von rechts unten nach links und wieder zurück nach rechts oben schwingt. Raumsymbolisch gesehen fließt die Bewegung vom Bereich des Mütterlichen rechts unten nach links in die Innenwelt, dort wendet sie und fließt, vorbei am Käferlein, wieder nach rechts in den Bereich der Familie und der weiteren Umwelt. Noch einmal schwingt also die Energie zurück, um dann in einer großen Progressionsbewegung vorwärts zu gehen.

Die Kühe symbolisieren das nährende, wärmende Mütterliche; mir scheint, sie stehen in Beziehung zum Kreis der »Guten Mutter« im fünften Bild. Die Pferde drücken Vitalität und Dynamik aus, sie stehen in Beziehung zum Kreis des »animalischen Lebens« im sechsten Bild. Beide Kreise waren erfüllt von geballter *potentieller Energie*, hier lösen sie sich auf in die *gerichtete Energie* der großen Vorwärtsbewegung, die Maria den Übergang in die neue Lebensstufe ermöglicht.

Wenn wir noch einmal überblicken, welche heilende Entwicklung Maria im Gestalten ihrer sieben ersten Bilder durchlebte, erkennen wir, daß sie von einem *inneren*, sinnrichtig anordnenden Wissen gelenkt wurde. Durch diese innere Führung, durch die seelisch-geistige Zuwendung meinerseits, als ihrer Therapeutin, und im »freien und geschützten Raum« der Therapie, konnte Maria die Blockierung ihrer Energien überwinden und in weiteren 33 Stunden ein gesundes Ich und eine gefestigte Persönlichkeit entwickeln.

Dem Kind die notwendige Zuwendung und Vertrauen geben und den freien und geschützten Raum schaffen heißt meines Erachtens, daß der Therapeut sich dem Kind vollkommen offen, ohne vorgefaßte Meinung über den Therapieverlauf und ohne Zeit- und Leistungsdruck zuwenden können muß, so daß das Kind sich vertrauensvoll und angstfrei öffnen kann. Er muß die Intimität des Geschehens, auch der hin- und herwebenden Übertragung und Gegenübertragung, wahren und schützen und *nicht* nach außen tragen. Er muß einerseits auf die Selbstheilungstendenz in der Seele des Kindes vertrauen, andererseits aber den Prozeß des Kindes aufmerksam verfolgen und erkennen, was vorgeht, um notfalls eingreifen zu können. Wenn diese Voraussetzungen geschaffen sind, dann wird der therapeutische Raum im übertragenen und der Sandkasten im konkreten Sinn zum »hermetischen Gefäß«, zum Gefäß der seelisch-geistigen Erneuerung und Wiedergeburt.

Im zweiten Teil der Therapie mit Maria konnte dann das »hermetische Gefäß« allmählich geöffnet werden. In der Auseinandersetzung mit mir konnte Maria ihre gewandelte Persönlichkeit nach und nach erproben und stärken. In der dritten Phase lösten sich dann auch ihre starken Gefühle für mich, als ihrer geistigen Mutter, langsam auf. Instinktiv suchte sie in den letzten Stunden den Weg in den Garten, in die Natur, und ich lenkte ihre Gefühle für mich auf diese »größere Mutter« über. Dadurch wurde das Gefäß unseres gemeinsamen Wirkens ganz geöffnet, und Maria und ich verabschiedeten uns voneinander.

8 Elisabeth – ein Transformationsprozeß des Weiblichen

Als Elisabeth zu mir in Analyse kam, war sie um die 40 Jahre alt, glücklich verheiratet, Mutter von drei Kindern zwischen 10 und 16 Jahren. Sie hatte vor einiger Zeit ein Studium begonnen und stand jetzt vor den ersten Prüfungen. Ihre Schwierigkeit war zu diesem Zeitpunkt folgende: Einerseits wünschte sie zutiefst dieses Studium durchzuziehen im Hinblick auf eine neue berufliche Tätigkeit. Gefühlsmäßig war sie überzeugt, daß sie die Fähigkeiten für das Studium und die Berufsausübung hatte. Doch gleichzeitig fürchtete sie, sie könnte die Prüfungen nicht bestehen und überhaupt grundsätzlich zu »dumm« sein für ein Studium. Auch fühlte sie sich gegenüber ihren Kindern und ihrem Mann schuldig, weil sie wegen ihren intensiven Studien nicht mehr die allgegenwärtige Hausfrau sein konnte und zudem durch ihre wachsende Bildung und Selbständigkeit ihren Partner in seiner gewohnten Rolle als wissender Mann und Familienvorstand verunsicherte und in innere Schwierigkeiten brachte. Hin und her gerissen zwischen ihrem Drang nach Entwicklung, der sie vorwärts trieb, und ihren Ängsten und Schuldgefühlen, die sie zurückhielten, fühlte sie sich gänzlich blockiert und wollte nun versuchen, durch das Sandspiel und die analytische Arbeit mit mir Klarheit zu gewinnen über die verschiedenen auseinanderstrebenden Kräfte in sich.

Wie weit die intellektuellen, denkerischen Fähigkeiten Elisabeths reichten, konnte ich natürlich am Anfang der Analyse nicht richtig beurteilen, aber ich stellte bald fest, daß sie eine differenzierte, präzise Wahrnehmung hatte, und sehr bald einen feinen Instinkt und ein gutes Gefühl für sich selbst und die Umwelt entwickelte. Diese Ausgangslage ist für einen therapeutischen Prozeß günstig, aber, zumindest in meiner Praxis, relativ selten.

Elisabeth stammt aus einer Handwerkerfamilie in einem kleinen Städtchen in der Schweiz. Die Beziehung zu ihrer Mutter war liebevoll und gut und gab Elisabeth ein natürliches, gesundes Vertrauen ins Leben und in ihr eigenes Muttersein mit. Zu ihrem Vater hatte sie insofern ein weniger gutes Verhältnis, als er sie in ihren geistigen Interessen kaum unterstützte oder gar förderte. Auch in der Schule wurden ihre geistigen Fähigkeiten verkannt. Elisabeth wurde als schulisch nicht normal einstufbar betrachtet. Die Gründe dafür möchte ich hier nicht erwähnen. Es zeigte sich aber bald, daß diese Beurteilung, für Elisabeth war es eher eine *Ver*urteilung, nicht richtig war, denn sie war ein durchaus intelligentes Mädchen und schloß ihre Ausbildung als Lehrerin erfolgreich ab. Anschließend, und auch noch einige Jahre nach ihrer Heirat, arbeitete sie in diesem Beruf. Als ihre eigenen Kinder die Schule, teilweise schon die Mittelschule besuchten, hatte sie den Wunsch, noch eine Ausbildung in einem anderen Beruf zu machen, den sie zeitlich und fachlich individueller gestalten konnte.

In dieser Situation der langsamen Ablösung von der Familie und der Neugestaltung ihrer beruflichen Tätigkeiten befinden sich in der heutigen Zeit viele Frauen, und ich möchte betonen, daß diese Frauen, genau wie Elisabeth, keine intellektuellen Blaustrümpfe sind. Elisabeth ist und war eine sehr liebevolle, gemütvolle Frau und Mutter, doch hatte sie das legitime Bedürfnis, ihre geistigen Fähigkeiten weiter zu entwickeln, sich zu bilden und aus dem doch recht engen Familienkreis herauszukommen und teilzuhaben an einem weiteren Kreis des kulturellen

Lebens. Es muß aber gesagt werden, daß die Doppelbelastung für eine Frau mit einer lebhaften Familie und einem Beruf oder Studium sehr groß ist, es sei denn sie hat die Möglichkeit, eine Haushaltshilfe anzustellen. Auch weiß ich aus eigener Erfahrung, daß das Leben als Hausfrau und Mutter, auf das zwar viel geschimpft wird, doch geschützter und bequemer ist als die Auseinandersetzung mit dem Leistungsdruck und den intellektuellen Anforderungen einer Universität oder des Berufslebens. Warum nehmen aber doch so viele Frauen diese Doppelbelastung auf sich? Von den Frauen, die mir beruflich oder privat begegnet sind, hat dies sehr selten eine aus reinem Ehrgeiz oder zum Zeitvertreib getan. Für die allermeisten ist es ein tiefes innerliches Bedürfnis. Es ist nicht gut, sondern rächt sich, wenn man den Körper vernachlässigt oder das Gemüt verkümmern läßt, und ebenso hat es auch negative Folgen, wenn ein Mensch seinen Geist nicht aktiv arbeitend gebraucht. Wenn eine Frau das menschliche Grundbedürfnis der geistigen Arbeit unterdrückt oder vernachlässigt, wird sie selbst unzufrieden, aggressiv gegen ihre Umwelt oder gar depressiv. Es besteht dann auch die Gefahr, daß sie die geistige Arbeit anderer heruntermacht und mit negativen Bemerkungen entwertet, oder auch, daß sie ihr eigenes Bedürfnis unbewußt auf andere verschiebt und z. B. ihren Mann oder ihre Kinder zu geistigen Höchstleistungen antreibt. Wir werden gewissen Aspekten dieser Problematik auch in den nachfolgenden Bildern Elisabeths begegnen.

Wie Elisabeth selbst sagte, handelt es sich bei ihrem Prozeß um den Übergang von einem weiblichen Archetyp zu einem anderen, d. h. mit Hilfe ihrer Sandbilder und durch sehr viel bewußtes Betrachten und Bedenken ihrer Lebensweise fand sie ein neues, umfassenderes weibliches Leitbild für ihr Leben. Dieser Prozeß verlief insofern nicht nonverbal, als Elisabeth das

Bedürfnis hatte, sich Klarheit zu verschaffen über die Bedeutung der einzelnen Figuren und ihr Zusammenwirken. Dies geschah aber nicht auf intellektuelle Weise, sondern immer bezogen auf ihr tägliches Leben.

Der Prozeß dauerte 9 Monate. Während dieser Zeit gestaltete Elisabeth 12 Sandbilder, wovon ich hier nicht alle zeigen kann. In den dazwischen liegenden Stunden sprachen wir über die vorangegangenen Bilder, die aufkommenden Träume und Elisabeths intensive seelische Bearbeitung des Ganzen. Am Ende besprachen wir die Sandbilder noch einmal sorgfältig, um die daraus gewonnene Wandlung der Persönlichkeit zu festigen.

Diese Wandlung wurde deshalb in der relativ kurzen Zeit möglich, weil Elisabeth die einzelnen Figuren, die sie zuerst mehr oder weniger unbewußt verwendete, immer vorwiegend als Teilaspekte ihrer selbst annahm, und nicht versuchte, die Verantwortung für diese Kräfte auf ihre Umwelt abzuschieben. Durch intensive Zwiesprache und Auseinandersetzung mit den einzelnen Figuren erlangte sie Bewußtheit über die in ihr wirkenden Kräfte. In dieser Hinsicht ist dieser Sandspielprozeß gleichzusetzen mit einer aktiven Imagination, die in der Jungschen Psychologie oft verwendet wird (siehe Worterklärungen, S. 175).

In Abbildung 40 finden sich die wichtigsten Figuren, die den Sandbildern immer wieder vorkommen und die ich zusammengestellt habe, damit der Leser sich eine deutlichere Vorstellung von ihnen machen kann.

1. Sandbild (Abb. 41)

Der Gesamteindruck des Bildes ist geordnet und übersichtlich. Der halbfeuchte Sanduntergrund ist wenig bearbeitet, nur ein

Abb. 40: Elisabeth, die Hauptfiguren.

Abb. 41: Elisabeth, 1. Sandbild.

Abb. 42: Elisabeth, 2. Sandbild.

Abb. 43: Elisabeth, 3. Sandbild.

Abb. 44: Elisabeth, 4. Sandbild.

Abb. 45: Elisabeth, 5. Sandbild.

Abb. 46: Elisabeth, 6. Sandbild.

Abb. 47: Elisabeth, 7. Sandbild.

Graben trennt die obere rechte Ecke vom übrigen Bild, und ein Kreis umschließt eine schwarze Spinne. Im übrigen liegt das Gewicht auf den Figuren, wir sehen Bäume, Häuser, wenige Tiere und Alltagsmenschen. Die verschiedenen Gruppierungen stellen verständliche Szenen aus dem Alltagsleben dar, deshalb erscheint mir das Bild relativ bewußtseinsnah. Die beiden auffallenden zentralen Motive sind die eingekreiste, schwarze Spinne und die Mutterfigur mit dem Kind, die sich anschickt, über die Brücke in einen anderen Ort zu gehen. Die Hauptbewegung im Bild führt von links unten nach rechts oben, was, schematisch ausgedrückt, im allgemeinen einer Entwicklung aus einer naturhaften Unbewußtheit in eine kultivierte Bewußtheit entspricht. Elisabeth identifizierte sich mit der Mutterfigur und sagte in dieser Stunde, sie fühle, daß ihr inneres Leitbild als Frau sich verändere und sie an einem Übergang stehe.

Betrachten wir zuerst die Welt, aus der die Mutterfigur kommt. In der unteren Bildhälfte sehen wir links ein kleines Dorf, fröhlich tanzende Frauen, ein ländliches Mädchen, das Hühner füttert, und einen Mann und eine Frau, die zusammen am Eßtisch sitzen. Dieser Bildteil drückt sicher Elisabeths zufriedenes, fröhliches Familienleben in einer ländlich-dörflichen Umgebung aus. Die tanzenden Frauen bewegen sich wie die Mutter auf die Brücke zu, Elisabeth scheint innerlich bewegt zu sein und sich zu freuen auf den Übergang in eine andere Welt.

In der oberen linken Ecke sehen wir vor einem blühenden Baum die selbstbewußt aufgerichtete Figur der Wasserträgerin und neben ihr eine alte Frau. Die beiden scheinen hier zu warten, gleichsam bereitzustehen, um ins Geschehen einzutreten. Der blühende Baum sagt uns, daß die beiden von aufblühender, frühlingshafter Hoffnung umgeben sind. In der Tat war es auch Frühling, als Elisabeth dieses Bild gestaltete, und sie war von der

Hoffnung erfüllt, daß ihr Leben sich verändern und sie aufblühen würde. Doch die Bedeutung der Figuren war ihr damals noch nicht klar. Die Wasserträgerin hatte sie gewählt, weil sie von ihrer aufrechten Haltung berührt wurde, und weil diese, wie sie sagte, im Besitze des Lebenswassers sei. Später sagte Elisabeth, diese Wasserträgerin stelle für sie den Inbegriff der selbständigen, selbstbewußten Frau dar. Diese Wesensseite sei in ihr nie entwickelt oder überhaupt zugelassen worden. Sie selbst hätte sie auch immer zurückgedrängt, weil sie glaubte, eine selbstbewußte Frau würde in egoistischer Weise Kräfte auf sich selbst verwenden, wohingegen eine gute Mutter alle ihre Kräfte in den Dienst ihres Mannes und ihrer Kinder stellen müsse.

Interessanterweise wird die Wasserträgerin hier von einer alten Frau auf die Bühne von Elisabeths Weltbild geführt. Diese alte Frau bezeichnete Elisabeth später als das uralte, innere Wissen einer Frau, das sie zur ganzheitlichen Entwicklung führt und ihr zeigt, daß das Leben einer Frau nicht nur darauf beschränkt ist, eine gute Ehefrau und Mutter zu sein, sondern auch andere Wesensseiten, eben z. B. die individuelle geistige, zu entwickeln sind. Elisabeth meinte später, diese innere Figur der alten, weisen Frau habe ihr genau im richtigen Zeitpunkt die notwendige selbstbewußte Haltung gezeigt und nahegebracht, die sie so dringend brauchte, um die Prüfungen erfolgreich zu bestehen.

Doch verlassen wir die beiden Figuren, denn vorerst stehen sie erst wartend im Bild. Wir wissen zum jetzigen Zeitpunkt nur durch ihre Position in der linken oberen Ecke, daß sie etwas zu tun haben werden mit Elisabeths geistiger Entwicklung.

Wenden wir uns der schwarzen Spinne zu, die, wie Elisabeth sagte, eingeschlossen und abgesondert wurde zum Schutze der anderen Figuren, da die Gefahr bestand, daß die Spinne alles andere vergiften könnte. Die schwarze Spinne symbolisierte für sie die Schattenseite der guten Mutter, vor allem deren negative Seite, die den Fortschritt und die Entwicklung ihres Kindes verhindern will, die ihr Kind aus egoistischen Gründen, aus Unbewußtheit oder, was besonders gefährlich ist, aus wohlmeinender Fürsorge zurückhalten und gefangen halten will. Einerseits sah Elisabeth das Wesen dieser Spinne in einer sehr einflußreichen Persönlichkeit in ihrer Umgebung, die vorgab, Elisabeth wohlgesinnt zu sein. In dieses Wohlwollen flocht diese Person aber immer wieder die Überzeugung ein, daß Elisabeth nie ein Studium mit den dazugehörenden Prüfungen bestehen werde.

Andererseits sah Elisabeth die Spinne auch in ihrer eigenen Angst vor dem Studium und in ihrem Minderwertigkeitskomplex, der ihr immer wieder einreden wollte: »Ach, wozu willst Du denn studieren? Wieso brauchst Du überhaupt einen neuen Beruf? Du hast ja Deinen Mann, der für Dich sorgt (aber Dir auch sagt, wie Du die Welt zu sehen hast!) und Deine lieben Kinder, die Dich so nötig brauchen. Sei doch zufrieden mit dem, was Du hast, usw. usw.« Diese Reden des Minderwertigkeitskomplexes sind sehr gefährlich, denn sie enthalten immer ein Körnchen Wahrheit. Im allgemeinen aber sind sie teuflisch, weil sie die Wahrheit verdrehen und »wohlgemeinte«, »liebe« Argumente dazu benützen, die eigene Angst und Trägheit zu überdecken.

Das tönt dann etwa so: »Ach, Elisabeth, nimm doch die zeitraubende Anstrengung des Studiums nicht auf Dich, es ist doch viel besser, wenn Dein Mann und Deine Kinder eine ausgeruhte Frau und Mutter haben!« Das teuflische an dieser Stimme ist eben, daß eine »nur«-Hausfrau und Mutter nie ausgeruht ist, weil sie ihr Nur-Hausfrau-Sein dauernd mit noch mehr Fürsorge und noch mehr Dienst an der Familie rechtfertigen muß.

Allerdings werden wir später sehen, daß die teuflische Spinne als Schattenseite der »guten Mutter« auch noch andere Aspekte des Weiblichen gefangen hält, die sich für Elisabeth sehr wertvoll erweisen werden. In diesem Bild mußte sie aber vorerst vorsichtshalber eingekreist werden. Durch diesen Kreis wird sie jedoch gerade auch betont, und wir sehen deutlich, daß die Spannung zwischen der Figur der »guten Mutter« und der Spinne, als deren Schattenseite, das zentrale Problem darstellt.

Betrachten wir noch die rechte obere Ecke. Diese Agglomeration von Menschen und Häusern bedeutete für Elisabeth Paris als Weltstadt der Kultur. Wir wollen festhalten, daß dort unter anderem eine Nonne und ein Pfarrer als Ausdruck des Religiösen, eine Zigeunerin (mit gelbem Kopftuch) und eine sehr *schöne* Frau (mit weißem Schultertuch) zu finden sind. Diesen Figuren werden wir später in der einen oder anderen Form wieder begegnen.

Das Motiv der Stadt Paris erschien hier im Sandbild, da Elisabeth in der äußeren Realität vor einer Reise in diese Stadt stand. Sie erwartete diese Reise freudig gespannt, weil sie damit zum ersten Mal aus ihrem Familienkreis herauskam und als freie, selbständige Frau eine Reise antreten konnte. Sie versprach sich eine sehr große Bereicherung und viele neue Impulse aus der Kultur und Kunst in dieser Stadt.

Zusammenfassend interpretiere ich das Bild folgendermaßen: Elisabeth steht an einem Übergang, vor einer inneren Reise. Ihr Ich ist noch mehrheitlich identifiziert mit der Rolle der guten Mutter. Solange Elisabeth unter der Dominanz des positiven Aspektes des Mutterarchetyps lebt, ist ihr Leben vorwiegend liebend und sorgend auf ihre Kinder und ihren Mann ausgerichtet. Die Schattenseite der guten Mutter, der negative Aspekt des Mutterarchetyps, erscheint bewußt abgesondert und gleichzeitig betont in der Form der schwarzen Spinne. Wir werden beobachten müssen, welche Aspekte dieser Schatten in den folgenden Bildern enthält.

Die Figur der Wasserträgerin als Leitbild für die selbständige, selbstbewußte Frau gehört zu einem anderen archetypischen Kreis des Weiblichen. Sie steht in der linken oberen Ecke bereit, aus der nach meiner Erfahrung meistens die ausschlaggebenden geistigen Impulse kommen, blickt aber aufs Zentrum. So darf man annehmen, sie werde, geführt von der alten, weisen Frau, zur zentralen Leitfigur für Elisabeths geistige Entwicklung.

Das nächste Bild, das hier nicht abgebildet ist, gestaltete Elisabeth nach ihrer Reise nach Paris. Ich beschreibe daraus zwei Elemente, die für das Verständnis der folgenden Bilder wichtig sind:

Die Wasserträgerin bekam eine Gefährtin, die *schöne* Frau im hellblauen Kleid. Sie trägt einen Blumenstrauß im Arm, und als zusätzliches Attribut gab Elisabeth ihr ein Buch als Symbol für das Wissen. Diese Frau bezeichnete Elisabeth als die Wesensseite einer Frau, die in der traditionellen Ehe und Mutterschaft so oft verkümmert, nämlich die erotisch und geistig aktive Seite der Frau. Aus dieser schönen und würdevollen Figur geht hervor, daß Elisabeth unter einer erotischen Frau nicht eine leichtlebige oder zweideutige verstand. Darum ging es ihr nicht, sondern um eine grundsätzliche Offenheit für menschliche und geistige Begegnungen auch außerhalb des oft einengenden Familienkreises.

Für viele Frauen bedeutet Treue zu ihrem Partner auch Treue zu dessen Ansichten und Vorstellungen. Dadurch wird der Horizont dieser Frauen aber in jeder Hinsicht enorm eingeschränkt, und durch diese Gleichschaltung der Gedanken und Lebensgewohnheiten wird auch keine Anregung und Erneuerung innerhalb der Paarbeziehung mehr möglich. Eros meint aber etwas ganz anderes. Eros, der Liebesgott, wird meistens mit Pfeil und Bogen dargestellt, und man sagt, keiner sei vor seinen Pfeilen gefeit. Er will die Menschen mit seinen Pfeilen treffen, aufwecken. Er will die Menschen verbinden, Begegnungen herbeiführen, Beziehungen anknüpfen, Liebe entfachen, damit sich die Menschen einander zuwenden und im gegenseitigen Austausch lebendig bleiben und sich erneuern. Jede echte Begegnung eines Menschen mit einem anderen Menschen, dem Werk eines Menschen oder der Natur bedeutet eine Überschreitung seiner persönlichen, engen Grenzen, eine Herausforderung und die Möglichkeit, den eigenen Horizont zu erweitern. Die Begegnung mit dem ganz Unbekannten, dem ganz Anderen, bewirkt auch immer ein tief numinoses Erlebnis. Sie kann zur Erfahrung des Göttlichen werden und den Menschen von Grund auf erneuern. Aus diesem Grunde hat das Erscheinen der »schönen und erotischen Frau« für Elisabeth eine sehr große Bedeutung. Durch das Erleben dieser Seite in sich selbst besteht für sie die Möglichkeit, herauszukommen aus ihrer Zurückgezogenheit und ihrem Minderwertigkeitsgefühl, und sich der Begegnung mit dem Anderen zu stellen. Zu diesem »Anderen« gehörte offensichtlich auch das Wissen, denn diese Frau ist im Besitze des Buches. Wir sehen, daß auch die erotisch-geistige Seite der Frau zum Kreis des neu aufscheinenden Archetyps gehört.

Die andere kleine Szene in diesem Bild zeigt ein liebes, unschuldiges Landmädchen, das von verschiedenen Reitern, unter anderem von einem Ritter mit geschlossenem Visier, angegriffen wird. Diese Situation beschäftigte Elisabeth sehr. Sie fragte sich folgendes: »Welche aggressive, kriegerische Seite, die ihr Gesicht nicht zeigt, greift dieses gute, einfache Mädchen an?« Ich riet ihr, in einer Imagination zu versuchen, dem Ritter das Visier zu öffnen, damit sie sein Gesicht erkennen könne. Dies tat Elisabeth in der Zwischenzeit bis zur nächsten Analysestunde und kam zu folgender Einsicht: Der Ritter trug ihr eigenes zorniges Gesicht. Er war der Ausdruck ihrer Wut und ihrer Aggression gegen ihre eigene naive, mädchenhafte Haltung, die nicht sehen wollte, was im Schatten der guten, lieben Mutter verborgen war. Diese Wut war auch mit einem großen Teil Frustration vermischt. Frustration darüber, daß sie allzu lange Zeit ihre persönliche geistige Entwicklung verdrängt und ihre Energie in einem Maße für ihre Familie verwendet hatte, das unnötig gewesen war für deren gutes Gedeihen – ja vielleicht in Form von Überbemutterung sogar schädlich.

Ich machte sie darauf aufmerksam, daß diese Wut, die aus der Einsicht ins eigene Wesen entsteht, sehr gesund sein kann, und daß in den Reitern und im Ritter eine dynamische und kämpferische Energie vorhanden sei, die sie besser nicht gegen sich selbst richten, sondern in Form von Entschlossenheit und Durchsetzungsvermögen in der Auseinandersetzung mit der Spinne verwenden solle.

Hier möchte ich erwähnen, daß es auch viel klüger ist, Eros – die schöne Frau – im Sinne von Einfühlungsvermögen in der Auseinandersetzung mit der negativen Seite des Mutterarchetyps einzusetzen, anstelle von Macht. Macht erzeugt Gegenmacht, und die Gegenmacht der negativen Mutter ist überwältigend zerstörerisch.

2. Sandbild (Abb. 42)

Die dominante Bewegung in diesem Sandbild führt von links nach rechts, von der Figur der Spinnerin am linken Rand zum

Kruzifix am rechten Rand. Diese Bewegung von links nach rechts deutet im allgemeinen auf eine Bewußtwerdung und eine positive Entwicklung in der äußeren Welt hin. Auf diesem Weg gehen die Mutter und die Wasserträgerin gemeinsam, und sie begegnen der knienden Frau, die Elisabeth »die Demütige« nannte. Gerade unterhalb der Demütigen sehen wir die Zigeunerin. Im ersten Bild stand sie im Zentrum der Stadt Paris. Hier ist sie im Besitz des Buches, dem Symbol für das Wissen.

Betrachten wir zuerst die Spinnerin: Diese Figur erscheint in den Sandspielprozessen von Frauen oft im entscheidenden Moment der Bewußtwerdung über sich selbst. Die Spinnerin ist ein uraltes Symbol für die arbeitende Frau, genauer gesagt für die Frau, die aus einem Naturprodukt einen Faden spinnt, der wiederverwendet wird zum Weben. Das Gewebe ist dann nicht mehr ein Naturprodukt, sondern ein Kulturprodukt. Die Spinnerin ist also eine Urform der weiblichen Kulturschaffenden. Wenn sie im Sandspiel auftritt, bedeutet dies, daß in der sandspielenden Person ein Kultivierungsprozeß, eine Bewußtwerdung im Gange ist.

Wir sagen aber auch, daß die Spinnerin unseren Lebensfaden spinnt und unser Schicksal webt. Wir kennen aus der nordischen Mythologie die gewaltige weibliche Dreigestalt der Nornen, die den Schicksalsfaden spinnen. Von ihnen heißt es:

In der frühesten der goldenen Zeit wußten die Götter nichts von den Nornen. Damals lebten die Himmlischen in seeliger Unschuld, dachten nicht an die Vergänglichkeit noch an die Macht des Geschickes. Aber als sie sich mit Sünde befleckten, kamen aus dem Riesenland drei gewaltige Schwestern. Sie heißen: Urd, die Herrin des Vergangenen; Werdandi, die um das Seiende und Werdende weiß; Skuld, die kennt, was einst sein soll. Da endete die Zeit des Nichtwissens. Denn diese drei Frauen haben von den Riesen die Schicksale aller Götter und Menschen erfahren.[54]

Mit dem Auftreten der spinnenden Schicksalsgöttin ist es also vorbei mit dem Nichtwissen und der seeligen Unschuld. Vergangenheit, Gegenwart und Zukunft, der Fluß der Zeit und damit auch die Vergänglichkeit des Menschen, der Tod, treten ins Bewußtsein. Aus dem vorigen Bild wissen wir, daß für Elisabeth die Zeit des unschuldigen, naiven Mädchendaseins vorbei war – auch eine verheiratete Frau und Mutter kann noch in der naiven, unbewußten Haltung eines Mädchens leben – und sie sich Rechenschaft ablegen mußte über den Sinn ihres Lebens. Damit verbunden war auch die Frage nach ihrem Gottesbild, deshalb sind die handelnden Figuren im Bilde »ausgespannt« zwischen der Spinnerin und dem gekreuzigten Christus.

Unser christliches Bild des gekreuzigten Gottessohnes ist ein Bild des leidenden Gottes. Kinder verwenden im Sandspiel als Darstellung ihres Gottesbildes selten den Kruzifixus, eher eine Buddhafigur, ein Jesuskind oder einen Engel. Sie haben eine Scheu vor dem leidenden oder toten Gott. Für Elisabeth hingegen war gerade der leidende Aspekt des Gekreuzigten von Bedeutung. Sie sah den Gekreuzigten, die Demütige und die Zigeunerin im Zusammenhang mit der schwarzen Spinne. Wie ist das zu verstehen?

Die Einsicht hinter das Visier des Ritters hatte in Form von Wut und Frustration eine große Menge Energie freigegeben. Diese half nun Elisabeth, das Problem der Spinne anzugehen. Halb bewußt, halb unbewußt, bewegte sie den ganzen Komplex in sich hin und her, und zuletzt erkannte sie, daß hinter der Spinne ihr Gottesbild steht, d. h. ihre bis dahin nicht hinterfragte religiöse Erziehung.

Elisabeth sagte dazu folgendes: Sie sei im Geiste einer Auslegung der christlichen Religion erzogen worden, die der Frau grundsätzlich eine dienende, helfende Rolle zuweise. Berufe wie

Krankenschwester, Sekretärin, Kindergärtnerin, allerhöchstens Grundschullehrerin, hätte man für ein Mädchen passend gefunden. Auch als Frau und Mutter hätte sie dienend, helfend, gütig und allzeit beanspruchbar sein müssen. Wäre sie einmal aus dieser Rolle gefallen, hätte man ihr vorgeworfen, sie sei böse, egoistisch, unweiblich. Um diesem kollektiven Bild des Weiblichen zu genügen, habe sie diese Haltung der »Demütigen« angenommen.

Werfen wir kurz einen Blick auf die im Sandspiel verwendete Figur: Sie kniet in einer demütigen Haltung auf dem Boden, hat die Hände gefaltet, sie betet oder bittet um etwas. Die Haare, die persönliche Zierde einer Frau, sind unter einer Haube verborgen, der Kopf und der Blick sind gesenkt, sie kann nicht mehr sehen als das kleine Fleckchen Erde vor ihren Knien. Lange, frei herabfallende Haare waren jahrhundertelang das Zeichen des freien Mädchens. Die Haube wurde zum Zeichen für die verheiratete Frau, zugleich auch zum Sinnbild der ehelichen Abhängigkeit und Unfreiheit.[55] Neben sich hat sie ein Brot und einen Korb voll Obst.

In dem Brot und dem Früchtekorb der »Demütigen« sah Elisabeth die Pflicht der Frau, immer zu geben, immer zu helfen, immer zu sorgen für die Mitmenschen. Elisabeth meinte auch, daß sowohl die Kirche, als auch viele Männer (und Frauen!) die Frauen in dieser Rolle zu halten suchen, weil es einerseits schön und angenehm sei, immer eine allgegenwärtige, allgütige Mutter zur Verfügung zu haben, und andererseits der demütig gesenkte Blick verhindere, daß eine Frau mehr sehe von der Welt, als erwünscht sei. Auch sei der leidende Christus unser Vorbild dafür, daß Leiden zum Menschen gehöre und wir nicht das Recht hätten, uns dagegen aufzulehnen.

Viele Leser und Leserinnen werden jetzt widersprechen und

sagen, diese falsch verstandene Rolle der Frauen sei doch längst überholt. Bestimmt sollte das so sein, es wird ja so viel über dieses Thema gesprochen und geschrieben. In der Praxis ist es aber nicht so. Sehr viele Frauen und Männer halten, vielleicht nicht im Kopf, aber doch im Herzen, immer noch daran fest, daß eine richtige Frau und vor allem eine gute Mutter, immer verfügbar, aufopfernd und lieb sein soll. Es ist klar, daß dies eine unmenschliche Anforderung ist, aber sie wird gestellt.

Der Vorwurf egoistisch zu sein, wiegt heutzutage nicht mehr so schwer, aber der Vorwurf, unweiblich oder gar böse zu sein, wenn eine Frau den Kopf erhebt und neben ihrem Muttersein auch andere Bedürfnisse hat, trifft die meisten Frauen tief. Auch Elisabeth war davon betroffen, aber wie sie betonte mehr durch ihre Selbstvorwürfe als durch solche von Außenstehende.

Die Auseinandersetzung mit negativen Kräften in sich selbst ist eine schwierige Aufgabe, die viel Ehrlichkeit, Mut und Differenziertheit braucht. Es geht ja nicht darum, diese kurzerhand zu eliminieren. Eingefahrene Verhaltensstrukturen lassen sich nicht im Handumdrehen verändern. Zuerst muß ihre Wirkungsweise überhaupt erkannt und bewußt gemacht werden. Dann muß in aufmerksamer Selbstbeobachtung vermieden werden, immer wieder in die alten Verhaltensweisen zurückzufallen. Nach der Einsicht in das eigene Wesen kommt die tägliche, mühsame Arbeit an sich selbst. Ich glaube nicht an Wunder, die mit einem Schlage die seelische Struktur eines Menschen verändern.

Elisabeth hätte zum Beispiel mit der Ablehnung dieser anerzogenen, falsch verstandenen Demütigkeit auch ihre Aufgabe als Hausfrau und Mutter verwerfen können. Das wollte sie aber nicht, da ihr die liebevolle Beziehung zu ihrem Mann und ihren Kindern ein echtes Bedürfnis war. Aus diesem Grund bedeutete für sie die Figur der Wasserträgerin eine Stärkung in ihrer positiv empfundenen Mütterlichkeit. Eine Frau kann ja auch mit stolz erhobenem Kopf, im Gefühl des eigenen Wertes Frau und Mutter sein – ganz besonders, wenn sie durch innere und äußere Anerkennung ihrer persönlichen Arbeit und Interessen im Gleichgewicht ist!

Stärkung kam Elisabeth im Laufe der Zeit auch durch eine andere Figur zu, nämlich durch die Zigeunerin, die in diesem Sandbild das Wissen besaß. Die weiblichen Qualitäten, die wir modernen Frauen gern auf die Zigeunerinnen projizieren (die Zigeunerin erscheint sehr oft in den Sandspieltherapien), wurden schon vor langer Zeit durch die einseitige Bevorzugung der von falscher Demut geprägten Weiblichkeit ins Unbewußte zurückgedrängt. Dort führen sie im Schatten ein verkümmertes Dasein. Auch aus diesen Sandbildern geht das deutlich hervor. Der Schatten der allzeit guten Mutter, hier verkörpert durch die Spinne, gab erst durch Elisabeths Entschlossenheit seine Inhalte frei, nämlich die negative Demütige und die wissende, daher positive Zigeunerin.

Das Wesen der Zigeunerin steht in naher Beziehung zum Wesen der Hexe, das ja gerade in unserer Zeit wieder enorm belebt und in einer Fülle von Literatur beschrieben wird. Für den rational denkenden Menschen haben Zigeunerinnen und Hexen dunkle, unheimliche, aber doch faszinierende Züge. Ihre Kenntnisse von den heilenden oder vergiftenden Kräften in der Natur, von den Geheimnissen um Leben und Tod oder von den großen, unsichtbaren Kräften der Menschen, sind den meisten modernen Frauen verlorengegangen. Doch dieses große, alte Wissen ist im Unbewußten immer noch da und beschäftigt die Menschen, Frauen und Männer. Wie wir wissen, gab es weiße und schwarze Hexen, gibt es weiße und schwarze Magie, d. h. diese Kräfte können zum Guten gebraucht werden wie zum Schlechten. Daher ist es wichtig, daß sie nicht auf Hexen und Zigeuner projiziert bleiben, sondern in uns selbst erkannt und bewußt gemacht werden, und wir so in verantwortlicher Weise damit umgehen können. Notwendig zur Beherrschung dieser Kräfte sind, wie ich schon in der Einführung zum Sandspiel erwähnt habe, die Verfeinerung der Sinne und der Intuition, die Differenzierung und bewußte Beachtung der Instinktwelt, des Körperbewußtseins und des bildhaften Vorstellungsvermögens und die Kenntnis und sorgfältige Beobachtung der inneren und äußeren Natur.

Elisabeth hatte viele dieser Fähigkeiten schon in sich, sie mußte sie nur aus ihrem Schattendasein hervorholen und ihnen den richtigen Stellenwert geben in ihrem Leben. Die Integration der durch die Zigeunerin verkörperten Energien bedeutete für sie eine weitere Stärkung ihrer Persönlichkeit.

Bevor wir zum nächsten Bild übergehen, beachten wir den runden, roten Apfel in der linken Ecke. Oftmals erscheinen in der linken oberen oder unteren Ecke einzelne Symbole, die eine kommende Entwicklung anzeigen, d. h. im Unbewußten konstelliert sich ein Themenkreis, der aber erst nach einer gewissen Zeit zur Gestaltung kommt.

3. Sandbild (Abb. 43)

Dieses Sandbild ist ganz besonders schön und strahlt große Kraft aus. Die vier Ecken sind betont mit kräftigen und blühenden Bäumen. In der zentralen, runden Sandmulde liegen fünf leuchtend rote Äpfel. Darum herum stehen im Kreis alle uns bisher bekannten weiblichen Figuren und darüber hinaus einige männliche. Alle wirken verbunden, geeint, konzentriert auf die roten Äpfel. Alle scheinen im Hinblick auf das Zentrum zusammenzuwirken.

Links neben dem Kreis steht die Spinnerin. Hat sie diese Vereinigung aller Kräfte bewirkt?

Wenn man die männlichen Figuren betrachtet, findet man einen Lichtträger, einen Flötenspieler, einen Hirten und einen tanzenden jungen Mann. Im ganzen Kreis finden wir keine Herrscherfigur und keinen Krieger. In der Sprache der Analytischen Psychologie würden diese männlichen Figuren Elisabeths männliche Seite, ihren Animus darstellen. Hier zeigt sich dieser sehr positiv, als Erleuchtung, Bewegtheit und Begeisterung. Alle Figuren strahlen Frieden aus, Freude, Kraft und Leben. Dieselbe gesunde, lebendige Ausstrahlung geht auch von den fünf Äpfeln in der Mitte aus. Rote oder goldene Äpfel waren immer schon Symbole für Fruchtbarkeit und Liebe. Wenn wir einem anderen Menschen einen glänzenden, roten Apfel reichen, schwingt immer Sympathie oder ein Hauch von Erotik mit, der bedeutet: »Ich mag Dich!« Diese roten Äpfel werden in meiner Praxis vorwiegend von Frauen verwendet, die sich glücklich und fruchtbar fühlen, die aufblühen in ihrer Beziehungs- und Liebesfähigkeit. Auch sind es fünf Äpfel, und die Zahl Fünf ist zusammen mit dem Pentagramm, dem fünfzackigen Stern, ein altes Symbol für die großen Liebesgöttinnen Isis, Ischtar, Aphrodite und Venus (das Pentagramm bezieht sich auf die Umlaufbahn des Planeten Venus).[56] Die Fünfzahl verstärkt also noch die Liebessymbolik der Äpfel. Aber auch ohne etwas zu wissen über Symbolik, sprechen uns diese Äpfel an über ihre Farbe und Form. Sie verkörpern Vitalität, Liebe, Sexualität, Dynamik, Sinnlichkeit und Freude. Auch Elisabeth wußte nicht so viel über die Symbolik der einzelnen Figuren. Für sie stellte dieses Bild den Augenblick dar, an dem sich alle ihre Kräfte in den Dienst von Eros stellten, in den Dienst von Liebe und verbindender Bezogenheit.

4. Sandbild (Abb. 44)

Hier finden wir das Motiv der Äpfel wieder, umgeben von vier Menschen. Es wirkt wie eine Verkleinerung des großen, archetypischen Motives im vorangegangenen Sandbild. Wenn wir die feinen Linien im Sanduntergrund genau betrachten, erkennen wir die schematische Darstellung eines Menschen mit gespreizten Beinen und erhobenen Armen. In der oberen Mitte sehen wir eine rundliche Erhebung, die den Kopf andeuten könnte. So betrachtet befindet sich die kleine Gruppe von vier Menschen um die Äpfel an der Stelle des Herzens, und alle andern Figuren sind auf diese hinorientiert.

Elisabeth hatte das Sandbild unbewußt gestaltet. Als ich sie am Ende der Stunde darauf aufmerksam machte, daß ich im Sand einen menschlichen Körper sähe, und daß sich alle Kräfte im Bild auf die Herzgegend konzentrierten, sagte sie: »Ja, ich fühle in mir eine neue Kraft und Zuversicht.«

Dieses Bild interpretiere ich folgendermaßen: Im vorigen Sandbild konstellierte sich in Elisabeth die große archetypische Kraft des verbindenden Eros. In dem auf ein Zentrum ausgerichteten Kreis manifestiert sich auch die ordnende und zentrierende Kraft des Selbst, was für einen Menschen immer ein bewegendes, numinoses Erlebnis ist. Sandbilder dieser Art wirken lange nach und werden zu einer inneren Quelle von Ruhe und Kraft. Dieses Erlebnis hatte sich bei Elisabeth in ihrem Herzen niedergeschlagen und gab ihr das Gefühl von Ganzheit und Kraft. Sie konnte ihre anfängliche Zerrissenheit überwinden und nun mit ruhiger Zuversicht den Prüfungen entgegensehen.

Die vier Figuren um die Äpfel sind in sich auch bedeutungsvoll. Es ist die *schöne* Frau, ein Flötenspieler, die alte weise Frau und ein alter weiser Mann. In dieser Vierheit vereinigen sich die Gegensätze von männlich und weiblich, von jung und alt. Es ist in sich eine Ganzheit. Der Flötenspieler bringt durch seine Musik eine besondere Schwingung und Belebung hinzu, denn der Ton, bzw. die Musik, stellt die Verbindung her zwischen Himmel und Erde, Gott und den Menschen.[57] Diese Verbindung zwischen Gott und den Menschen wird lebendig durch die Schwingungen des Herzens – das Gefühl. Das subjektive Gefühl steht im Dienste des Ich und stellt die Beziehung zum Selbst her. Es ist wie der Stab, der uns Sicherheit gibt und Richtung weist auf der Wanderschaft zur inneren Ganzheit.

5. Sandbild (Abb. 45)

Da fällt uns vielleicht als erstes das neu hinzugekommene Element des Wassers auf. Ein kleiner Wasserarm kommt von unten her ins Bild. Im übrigen gruppieren sich die Figuren in einem großen Oval um zwei Zentren, rechts um einen großen, schönen Baum – Elisabeth nannte ihn den Lebensbaum – links um einen länglichen Stein, sie legte ihn hin als Manifestation oder Bekräftigung ihrer Persönlichkeit. Um den Stein stehen im Kreise die Wasserträgerin mit dem Buch, die alte Weise, ein roter Apfel, der alte Mann, ein Lichtträger und eine leere Bank. Für wen steht sie bereit? Für die schöne Frau oder den oder die »Unbekannte»?

Beim Baum sehen wir den Flötenspieler, die Zigeunerin, ein kleines weißes Pferd, die Mutter und ganz rechts wieder die Demütige, die als auffallende Begleitfigur einen Hahn neben sich hat. Der Hahn hat meistens eine besondere Bedeutung: Er kräht, wenn der Tag anbricht. Er begrüßt das wiederkommende Tageslicht, die Helligkeit, die alle Dinge sichtbar und erkennbar macht. Vielleicht zeigt er uns an, daß das Wesen der »Demütigen« noch mehr erhellt werden muß.

Wichtig scheint mir an diesem Bild das Wasser und die kleine Figur mit rotem Rock, gerade über dem Wasser. Es ist eine zweite Wasserträgerin, nur viel kleiner als die erste Figur. Sie trägt das Wasser aus dem Wasserarm zu den Menschen.

Wir erinnern uns, daß Elisabeth zur ersten Wasserträgerin sagte, sie sei für sie der Inbegriff der selbstbewußten Frau und dazu im Besitze des Lebenswassers. Diese große Wasserträgerin ist eine archetypische Gestalt, ein unpersönliches Leitbild in Elisabeths Psyche. Die kleine Wasserträgerin hingegen steht, wie sie sagte, für Elisabeth selbst. Sie ist jetzt auch im Besitze des Lebenswassers: Wasser, Lebenswasser, fließendes Wasser ist das Symbol für die fließende, bewegte und bewegende, den Menschen belebende Energie der Seele. Die Quelle ist das Unbewußte, aus der immer neue Lebensenergie geschöpft werden kann. Elisabeth hat die Quelle ihrer Lebenskraft in sich selbst gefunden, und wir verstehen jetzt, warum die Wasserträgerin selbstbewußt ist. Sie ist es, *weil* sie im Besitze des *Lebenswassers* ist! Sie ist sich der Kraft ihres Selbst bewußt und schöpft daraus ihre Lebensenergie.

6. Sandbild (Abb. 46)

Wir sehen, daß Elisabeth sogar zwei Energiequellen besitzt. Ein Wasserarm kommt von unten, aus dem Bereich der Erde, der materiellen Welt, zu der auch der Körper gehört, die andere kommt von oben, aus dem Himmel, dem Bereich des Übergeordneten, des Archetypischen. Man könnte auch sagen, die eine Energiequelle komme aus der Erde, dem Bereich der Materie und die andere vom Himmel, dem Reich des Geistes. Damit würden wir aber der üblichen Polarisation verfallen, der Trennung von Geist und Materie. Ich sage lieber, der Geist der Erde und der Geist des Himmels nähern sich einander an, sie suchen eine Verbindung.

Am Orte der möglichen Vereinigung stehen sich die Wasserträgerin und die Demütige gegenüber. Sie suchen noch einmal eine Begegnung. Die anderen Figuren stehen gleichsam diskret etwas zurück, konzentrieren sich aber gespannt auf die Begegnung. Wir beachten, daß neben der Demütigen ein Esel steht. Die Symbolik des Esels habe ich bereits früher (siehe Seite 130f.) eingehend behandelt. Hier steht er, bezogen auf die demütige Wesensseite in Elisabeth, für das Erleiden und Aushalten der eigenen Schattenseite, für das Leiden am Verhaftetsein im Materiellen, Körperlichen, denn nach intensivem Nachdenken und Nachfühlen sah Elisabeth in der knienden Figur nicht mehr nur die falsche Demut, sondern das echte Leiden, ihr eigenes Leiden an ihrer Unwissenheit und Unbewußtheit. Wir sehen hier, genau wie bei Maria, daß die Unbewußtheit für einen Menschen zum Leiden werden kann, zu einer echten Not, die ihrerseits dann aber eine Bewußtseinsentwicklung in Gang setzen kann. Hier in diesem Bild kniet nun die eine Wesensseite Elisabeths in ihrer Not und bittet die andere Seite, die Wasserträgerin, um Hilfe, denn diese kennt die Quellen des Wissens, sie kann das Unbewußte bewußt machen. Wie können wir dieses Zusammenspiel der einzelnen Figuren nun auf Elisabeths praktisches Leben bezogen verstehen?

Zuerst mußte sie ihr Leiden an ihrem Minderwertigkeitskomplex, an ihrem zu engen Bewußtsein erkennen und ernst nehmen. Dann mußte sie sehen, daß ihr Gefühl der Minderwertigkeit weder aus religiösen oder gesellschaftlichen Gründen, noch weil sie eine Frau ist, unabänderlich war. Hierbei war dann die selbstbewußte Haltung der Wasserträgerin, der schönen Frau und der Zigeunerin sehr hilfreich. Natürlich wurden die einzelnen Figuren, wenn sie im Sand erschienen, auch von mir als innere Haltungsweisen Elisabeths unterstützt.

Man könnte sich nun vorstellen, daß das wachsende Selbstbewußtsein sich auch zu Größenphantasien hätte entwickeln können. Dafür bestand keine Gefahr! Ganz allgemein kann man wohl sagen, ein Studium, insbesondere Prüfungsvorbereitungen, sind neben der Versorgung einer Familie so mühsam zu bewältigen, daß dabei die Bäume kaum in den Himmel wachsen. Für das Gelingen sind dann der Wille, die Durchhaltekraft und vor allem die persönlichen Möglichkeiten eines Menschen ausschlaggebend. Wie ich schon früher sagte, wird aus einer Sonnenblume nie eine Rose und aus einem kleinen, zarten Veilchen nie eine große, starke Eiche. Diese Einsicht in ihre eigenen Fähigkeiten und Begrenzungen drückte sich für Elisabeth im nächsten Bild in einer neu dazukommenden Figur aus.

7. Sandbild (Abb. 47)

Hier haben sich die beiden Wasser vereinigt und bilden einen einzigen runden See, der wie eine Öffnung daliegt zu jener anderen Wirklichkeit, der Wirklichkeit der Seele. Wir erinnern uns, daß die Wasserwelt, die Welt der fließenden, bewegten seelischen Energie die Verbindung herstellt zwischen der Welt des Absoluten, der Welt der Archetypen und der materiellen Welt. In diesem Zwischenreich zwischen Geist und Materie liegt das seelische Reich der Imagination oder, wie die Analytische Psychologie auch sagt, das Reich der archetypischen Bilder. Diese inneren Bilder sind angereichert mit seelischer Energie und werden so zur Quelle der Kraft für den Menschen.

In diesem Sandbild stehen im Kreis um das Wasser neun Figuren. Es sind weniger als im dritten Bild (Abb. 43), aber jede hat für Elisabeth eine persönliche Bedeutung. Die vielen Figuren im dritten Bild symbolisierten mehr die große Quantität der Energie, die wenigen, aber bedeutungsvollen Figuren hier hingegen deren differenzierte Qualität.

Das alte, weise Paar steht für die uralte Weisheit, die in bedeutungsvollen Zeiten aus dem Unbewußten zu uns spricht; die Wasserträgerin mit den beiden Lichtträgern für die helle, klare, selbst-bewußte Seite Elisabeths; das tanzende Paar, wie sie selbst sehr schön sagte, für das gefühlsmäßige Zusammenschwingen ihrer männlichen und weiblichen Seite, und die Zigeunerin für die naturbezogene, den dunkeln Kräften des Unbewußten nahe Seite in ihr. Zuletzt finden wir die einfache, kniende afrikanische Holzfigur rechts im Kreis. Nachdem sie deren Bedeutung lange in sich bewegt hatte, verkörperte sie für Elisabeth die echte Demut vor dem Dasein und die echte weibliche Hingabe an das Leben. Darunter verstand Elisabeth das demütige Annehmen des eigenen Schicksals, nicht aus einem anerzogenen Minderwertigkeitsgefühl, sondern aus der objektiven Einschätzung ihrer eigenen Fähigkeiten heraus. Mit dieser Figur verband sie auch die Erfahrung, daß die Seele unbewußt weit mehr weiß als der Verstand und sich auf verschlungenen Wegen, deren Sinn wir oft nicht gleich verstehen können, entwickelt. Von dieser verinnerlichten, knienden Figur scheint mir ein unsichtbarer Faden zur Spinnerin zu führen.

Der um den runden See geschlossene Kreis von Figuren stellt zu diesem Zeitpunkt Elisabeths seelische Ganzheit dar. Sie scheint aus der danebenstehenden Mutterfigur herausgewachsen zu sein. Wir sehen, daß Elisabeths Mütterlichkeit weder verlorenging noch verdrängt wurde, aber sie hat sich gewandelt in eine viel umfassendere, differenzierte Weiblichkeit. Für dieses *Mutterschaft*, *Eros* und *Geistigkeit*, auch in der beruflichen Arbeit, umfassende weibliche Leitbild kann ich kein vorhandenes mythologisches Bild finden. Es scheint mir der in diesem Jahrhundert sich neu formierende Archetyp der modernen Frau zu sein.

Elisabeths weibliches Selbstverständnis ging von einer früheren Form in eine andere, neue Form über. Aus diesem Grunde nenne ich, im Gegensatz zu einem heilenden Prozeß, diesen form-verändernden Prozeß im Sandspiel einen Transformationsprozeß.

Noch einen Gedanken möchte ich mir machen zur Mutterfigur, die nun außerhalb des Kreises steht. Mir scheint, sie verkörpere nicht nur Elisabeths eigene Mütterlichkeit. Sie steht hier neben dem kräftigen Lebensbaum und dem blühenden, kleinen Dorf, so daß wohl die ganze Gruppe zusammen gesehen werden darf als Elisabeths gesunde, blühende Ausgangssituation, die glücklich erlebte Urbeziehung zu ihrer Mutter, die als Quelle der Kraft den ganzen Wandlungsprozeß begleitete.

Wenn wir uns an Eva erinnern, wie leidvoll und schwierig es für sie war, ihr Leben anzunehmen und leben zu lernen, dann können wir ermessen, welch wertvolles Potential Elisabeth von Anfang an mitbrachte. Auf dieser Basis und durch ihren großen Arbeitseinsatz im Studium und in der analytischen Arbeit, konnte sie auch die frühe Verletzung in ihrem Selbstwertgefühl durch die Verurteilung als schulisch nicht normal einstufbares Kind überwinden. Bildung und Selbsterkenntnis kann sich ein Mensch durch innere und äußere Arbeit erwerben, und auf diese Weise kann er – wir erinnern uns an die Spinnerin – aktiv an seiner Entwicklung und Kultivierung spinnen.

Es scheint mir wichtig festzuhalten, daß durch intensive innere und äußere Arbeit nicht nur ein Minderwertigkeitsgefühl im Geistigen überwunden, sondern auch die fehlende geistige Unterstützung durch den Vater kompensiert werden kann. Der Vater hat ja die wichtige Aufgabe, sein Kind zu stärken und zu führen in der Konfrontation mit der von männlichen Werten geprägten Seite der Arbeits- und Geisteswelt. Wenn der Vater in dieser Hinsicht gefehlt hat, kann vorübergehend der Analytiker oder die Analytikerin diese Funktion übernehmen.

Diese Auseinandersetzung mit und die Integration von männlichen Werten muß eine Frau aber durchaus nicht männlich oder blaustrümpfig machen. In Elisabeths Bildern sehen wir immer wieder das tanzende Paar als Ausdruck für »das gefühlsmäßige Zusammenschwingen ihrer männlichen und weiblichen Seite«. Diese schwingende, erotisch bezogene Haltung dem Männlichen gegenüber konnte sie von dem Zeitpunkt an einnehmen, als ihr weibliches Selbstbewußtsein zu blühen anfing. Könnte man sich nicht denken, daß der schöne rote Apfel auf dem zweiten Bild (Abb. 42) das gefühlsmäßige Zusammenschwingen des tanzenden Paares eingeleitet hat?

Ganz zuletzt möchte ich noch auf den kleinen Reiter auf einem weißen Pferd hinweisen, der im letzten Sandbild aus der linken unteren Ecke kommt. Irrtümlicherweise liegt er, doch richtig sollte er zur Mitte hinreiten. Der kleine Reiter steht wohl für Elisabeth selbst, und wir ahnen, daß ihr Bewußtwerdungsprozeß mit diesem Bild nicht zu Ende ist. Das weiße Pferd, als Symbol für eine helle geistige und religiöse Kraft[58] trägt sie weiter auf ihrem Weg.

Der hier gezeigte Sandspielprozeß war nach neun Monaten beendet. Analytisch arbeitete Elisabeth in einer verbalen Analyse weiter. Sie bestand ihre Prüfungen und führte ihr Studium zu Ende.

Noch einmal möchte ich betonen, daß sich Elisabeth während den neun Monaten sehr intensiv mit sich selbst und mit mir als Analytikerin auseinandergesetzt hat. Davon kann dem Leser recht wenig vermittelt werden. Aber die wichtigsten Stationen, in denen sich Elisabeth mit dem Unbewußten konfrontiert hat, sind festgehalten in den hier besprochenen und gezeigten sieben Bildern.

Schluß

Die vorangegangenen Serien von Sandbildern haben uns erlaubt, einen Blick zu tun in das unendlich vielfältige, nie ganz erfaßbare Reich der Seele, in diese Zwischenwelt, wo Geist und Körper, Innen und Außen, Bewußtes und Unbewußtes miteinander verwoben werden. Jeder Sandspielende gestaltet seine Welten in persönlichster Weise – nie habe ich zwei gleiche Sandbilder gesehen – und doch verbinden gemeinsame, archetypische Grundverläufe die individuellen Entwicklungen miteinander.

Die Kenntnis der individuellen wie der kollektiven Psyche, ihrer Strukturen, Störungen, Heilungs- und Transformationsmöglichkeiten, ist die Voraussetzung für die therapeutische Methode des Sandspiels wie auch für die verbale analytische Arbeit. Beide Methoden basieren auf derselben tiefenpsychologischen Ausbildung; der Sandspieltherapeut braucht jedoch noch eine spezifische Eigen- und Therapieerfahrung.

Im Gegensatz zur verbalen Analyse, wo der Analysand und der Analytiker sich gegenübersitzen, oder wie im klassischen, Freudschen »setting«, der Analysand auf der Couch liegt und der Analytiker hinter ihm sitzt, steht beim Sandspiel der Analysand klar im Mittelpunkt des Geschehens. Das Zentrale ist die *ganzheitliche, also körperlich-seelisch-geistige Aktivität des Analysanden am Sandkasten.*

Beim Sandspiel heilt grundsätzlich nicht eine Be-handlung den Patienten, sondern seine Eigenhandlung. Durch sein Gestalten, durch seine Haltung werden die in seinem Inneren wirkenden Kräfte außen sichtbar. Indem der Analysand sein Innerstes nach außen legt, ist jedes Sandbild gleichsam eine Geburt. Er kann sich nicht verstecken, er muß zu dem stehen, was er ausdrückt. Daraus ergibt sich für Analysand und Analytiker eine sehr intime Situation, die gegenseitig sehr viel Vertrauen und Respekt verlangt. Oft wäre jedes Wort zu viel, denn nach einer Geburt, bzw. nach einem schöpferischen Akt, ist der Mensch äußerst verletzlich. Daher ist auf Seiten des Analytikers große Zurückhaltung und Feinfühligkeit geboten.

Das schöpferische Gestalten ist aber nicht nur mit Verletzlichkeit verbunden, sondern auch mit großer Freude! In jeder Sandspieltherapie kommt der Moment, wo der Analysand stolz und freudig vor seinem »Geschöpf« steht, oft auch staunend darüber, wie faszinierend andersartig verglichen mit seiner bisher gekannten Welt das Neugeschaffene ist. Die *Freude am Schöpferischsein* steht immer wieder am Anfang der Heilung. Mit dieser Freude über das eigene Geschöpf nimmt der Analysand nicht nur seine schöpferischen Möglichkeiten an, sondern *sich selbst*.

Das Sandspiel aktiviert sehr tiefliegende Schichten im Unbewußten, und, wie wir im Falle von Eva deutlich gesehen haben, können Monate oder gar Jahre vergehen, bis sich die in den Sandbildern angezeigten Entwicklungen im bewußten Leben realisieren. Die daraus entstehende Möglichkeit der Prognose ist für den Analytiker außerordentlich wertvoll. Sie hilft ihm auch, die Geduld und das Vertrauen in die Sinnrichtigkeit des inneren Prozesses im Analysanden zu stützen, wenn dieser ungeduldig auf sofort sichtbare Veränderungen in seinem Leben drängt. Alle echten Wandlungen in einem Menschen brauchen viel Zeit. Was der Analysand hingegen unmittelbar erleben kann, ist die befreiende Wirkung und die Freude aus seinem schöpferischen Tun.

Anhang

Anmerkungen

[1] Harding, Gösta: *Spieldiagnostik*. Basel/Weinheim: Beltz 1972.
[2] Kalff, Dora M.: *Sandspiel*. Zürich/Stuttgart: Rascher 1966.
[3] Zu frühkindlichen und narzißtischen Störungen siehe: Asper, Kathrin: *Verlassenheit und Selbstentfremdung*, Olten/Freiburg i.Br.: Walter 1987.
[4] Siehe: Ammann, Ruth: *Eine Kinderanalyse anhand von Sandbildern*. Diplomthesis am C.G.Jung-Institut, Zürich 1979.
[5] Weinrib, Estelle: *Images of the self*. Boston, MA: Sigo Press 1983.
[6] Asper, Kathrin: *Verlassenheit und Selbstentfremdung*. A.a.O. Insb. das Kp. »Therapeutische Haltung«.
[7] Eccles, John C.: *Das Gehirn des Menschen*. München: Piper 1984.
[8] Achterberg, Jeanne: *Die heilende Kraft der Imagination*. München: Scherz 1987. Insb. das Kp. »Wissenschaft und Imagination«.
[9] Ammann, Ruth: *Traumbild Haus*. Olten/Freiburg i.Br.: Walter 1987. Insb. Kp.1: »Die Wechselwirkung zwischen Mensch und Haus«.
[10] van der Post, Laurens: »Die Wildnis im Garten der Seele«, in: *Sphinx-Magazin*, H. 32 Juni/Juli 1985.
[11] Jung, C.G.: *Erinnerungen, Träume, Gedanken*. Zürich/Stuttgart: Rascher 1962, S. 209.
[12] Jung, C.G.: »Mysterium conjunctionis«, in: *Gs. W.* Bd.14/2. Olten/Freiburg i.Br.: Walter 1971, S. 336.
[13] Jung, C.G.: »Psychologie und Alchemie«, in: *Gs.W.* Bd.12. Olten/Freiburg i.Br.: Walter 1972, S. 332 ff.
[14] Ammann, Ruth: *Traumbild Haus*. A.a.O. Insb. Kp.4: »Lebensräume – Lebensträume«.
[15] Kalff, Dora M.: *Sandspiel*. A.a.O., S. 15.

[16] Jung, C.G.: »Die transzendente Funktion«, in: *Gs.W.* Bd. 8. Olten/Freiburg i.Br.: Walter 1971, S. 90 ff.

[17] Jung, C.G.: »Zur Psychologie des Kindarchetypus«, in: *Gs.W.* Bd. 9/2. Olten/Freiburg i.Br.: Walter 1976, S. 184.

[18] Jung, C.G.: *Gs.W.* Bd. 6. Olten/Freiburg i.Br.: Walter 1960, S.477 zu: Individuation.

[19] Jung, C.G.: »Psychologie und Alchemie«, in: *Gs.W.* Bd. 12, A.a.O., S. 322 ff.

[20] Markale, Jean: *Die Druiden*. München: Dianus-Trikont 1985. Insb. Kp.4: »Die geistige Welt der Druiden«.

[21] Capra, Fritjof: *Wendezeit*, München: Scherz 1983.

[22] von Franz, M.-L.: *Spiegelungen der Seele*, München: Kösel 1988.

[23] Bischof, Marco: *Unsere Seele kann fliegen*. Insb. das Kp. »Druiden, keltisches Christentum und Geomantie«. Frauenfeld: Verlag im Waldgut 1985.

[24] Achterberg, Jeanne: *Die heilende Kraft der Imagination*. A.a.O. Insb. das Kp. »Wissenschaft und Imagination«.

[25] Jung, C.G.: *Gs.W.* Bd.6. A.a.O., S. 512 zu: Selbst.

[26] Jung, C.G.: *Gs.W.* Bd.9/1. Olten/Freiburg i.Br.: Walter 1976, S. 381 u. 411 ff.

[27] Asper, Kathrin: *Verlassenheit und Selbstentfremdung*. A.a.O., S. 68.

[28] Tansley, David V.: *Energiekörper*. München: Kösel 1985, S. 78.

[29] Jung, C.G.: »Studien über alchemistische Vorstellungen«, in: *Gs.W.* Bd.13. Olten/Freiburg i.Br.: Walter 1978, S. 113.

[30] Jung, C.G.: *Gs.W.* Bd. 12. A.a.O., S.172 zu: Schlange.

[31] Jung, C.G.: *Gs.W.* Bd. 12. A.a.O., S.105 zu: Totenschädel, mortificatio, nigredo.

[32] Zu: Zerstückelung siehe z.B. Eliade Mircea: *Schamanismus und archaische Ekstasetechnik*. Frankfurt/M.: Suhrkamp 1975, S. 45 ff.

[33] Zu: Todeserfahrung siehe Jung, C.G.: *Gs.W.* Bd. 16. Olten/Freiburg i.Br.: Walter 1958, S. 284 ff.

[34] Zu: Spirale siehe Duerr, Hans Peter: *Sedna*. Frankfurt/M.: Suhrkamp 1984. Insb. das Kp. »Die Herrin des Labyrinths«, S.142 ff.

[35] Riedel, Ingrid: *Traumbild Fuchs*. Olten/Freiburg i.Br.: Walter 1978.

36 Zu: Taube sieheHeinz-Mohr, Gerd: *Lexikon der Symbole*. München: Diederichs 1983, S. 280.

37 Zu: Chidr siehe Jung, C.G.: *Gs.W.* Bd. 5. Olten/Freiburg i.Br.: Walter 1977, S. 242 ff.; und Jung, C.G.: *Kindertraumseminar W. 1940-41*. Zürich: Schippert 1976, S.57 ff.

38 Jung, C.G.: *Gs.W.* Bd. 9/1. A.a.O., S.184.

39 Zu: Vierheit siehe Jung, C.G.: *Gs.W.* Bd.12. A.a.O., S. 225; und Jung, C.G.: *Gs.W.* Bd.14/1. Olten/Freiburg i.Br.: Walter 1971, S. 5 ff. und a.a.O.

40 Zu: Acht siehe Heinz-Mohr, Gerd: *Lexikon der Symbole*. A.a.O., S. 311; und Götze, Heinz: *Castel del Monte*. München: Prestel 1984.

41 Jung, C.G.: *Gs.W.* Bd. 12. A.a.O., S. 268 f.

42 Ausführlich beschriebene Kinderanalyse und Amplifikationen der Tiersymbolik siehe Ammann, Ruth: *Eine Kinderanalyse anhand von Sandbildern*. A.a.O.

43 Neumann, Erich: *Das Kind*. Zürich: Rhein 1963. Insb. Kp.2.

44 Eliade, Mircea: *Das Heilige und das Profane*. Reinbek b. Hamburg: Rowohlt 1957, S. 22 ff.

45 Ebenda, S. 108 ff.

46 Zu: Esel siehe Collodi, Carlo: *Pinocchios Abenteuer*. Köln: Röderberg 1983; und von Franz, M.-L.: *Die Erlösung des Weiblichen im Manne*. Frankfurt/M.: Insel 1980.

47 Zu: Maus siehe *Handwörterbuch d. deutschen Aberglaubens*. Berlin 1927-1942, Bd.6.

48 Neumann, Erich: *Das Kind*, A.a.O. Insb. Kp.3, S. 89.

49 Zu: Farben siehe Itten, Johannes: *Kunst der Farbe*. Ravensburg: Ravensburger Buchverlag 1970; und Riedel, Ingrid: *Farben*. Stuttgart: Kreuz 1983.

50 Jung, C.G.: »Zur Psychologie der Übertragung«, in: *Gs.W.* Bd. 16. A.a.O., S. 287.

51 Neumann, Erich: *Das Kind*. Insb. Kp.5: »Die Ich-Stufen der kindlichen Entwicklung«, S.151.

52 Ebenda.

53 *Das Mysterium der Wiedergeburt*. Zürich 1961.

54 Peterich, Eckart: *Götter und Helden der Germanen*. Olten/Freiburg

i.Br.: Walter 1937, S. 23; und: *Die Edda*. Düsseldorf: Diederichs 1933, S. 44 ff.

[55] Zu: Haube siehe *Handwörterbuch d. deutschen Aberglaubens*. A.a.O.

[56] Zu: Fünf siehe Endres, F.C.: *Mystik und Magie der Zahlen*. Zürich/Stuttgart: Rascher 1951.

[57] Ammann, Peter: *Musik und Seele*. Diplomthesis am C.G.Jung-Institut, Zürich 1965.

[58] Zu: Pferd siehe *Handwörterbuch d. deutschen Aberglaubens*. A.a.O.

Ausgewählte Literatur

Achterberg, Jeanne: *Die heilende Kraft der Imagination*. München: Scherz 1987.

Ammann, Ruth: *Eine Kinderanalyse anhand von Sandbildern*. Diplomthesis am C.G.Jung-Institut, Zürich 1979.

Asper, Kathrin: *Verlassenheit und Selbstentfremdung*. Olten/Freiburg i.Br.: Walter 1987.

Bischof, Marco: *Unsere Seele kann fliegen*. Frauenfeld: Verlag im Waldgut 1985.

Collodi, Carlo: *Pinocchios Abenteuer*. Versch. Ausg., u.a. Köln: Röderberg 1983.

Eccles, John C.: *Das Gehirn des Menschen*. München: Piper 1984.

Eliade, Mircea: *Das Heilige und das Profane*. Reinbek b. Hamburg: Rowohlt 1957.

von Franz, M.-L.: *Die Erlösung des Weiblichen im Manne. Der goldene Esel von Apuleius in tiefenpsychologischer Sicht*. Frankfurt/M.: Insel 1980.

von Franz, M.-L.: *Spiegelungen der Seele*. München: Kösel 1988.

Handwörterbuch des deutschen Aberglaubens, hrsg. v. Hoffmann-Krayer. Berlin 1927-1942.

Harding, Gösta: *Spieldiagnostik*. Basel/Weinheim: Beltz 1972.

Heinz-Mohr, Gerd: *Lexikon der Symbole*. München: Diederichs 1983.

Jung, C. G.: *Gs.W.* Bd. 5. Olten/Freiburg i.Br.: Walter 1977.
Jung, C. G.: *Gs.W.* Bd. 6. Olten/Freiburg i.Br.: Walter 1960.
Jung, C. G.: *Gs.W.* Bd. 8. Olten/Freiburg i.Br.: Walter 1971.
Jung, C. G.: *Gs.W.* Bd. 9/1. Olten/Freiburg i.Br.: Walter 1976.
Jung, C. G.: *Gs.W.* Bd. 9/2. Olten/Freiburg i.Br.: Walter 1976.
Jung, C. G.: *Gs.W.* Bd. 12. Olten/Freiburg i.Br.: Walter 1972.
Jung, C. G.: *Gs.W.* Bd. 13. Olten/Freiburg i.Br.: Walter 1978.
Jung, C. G.: *Gs.W.* Bd. 14/1. Olten/Freiburg i.Br.: Walter 1971.
Jung, C. G.: *Gs.W.* Bd. 14/2. Olten/Freiburg i.Br.: Walter 1971.
Jung, C. G.: *Gs.W.* Bd. 16. Olten/Freiburg i.Br.: Walter 1958.
Jung, C. G.: *Erinnerungen, Träume, Gedanken*. Zürich/Stuttgart: Rascher 1962.
Jung, C. G.: *Kindertraumseminar W. 1940-41*. Zürich: Schippert 1976.
Kalff, Dora M.: *Sandspiel*. Zürich/Stuttgart: Rascher 1966.
Markale, Jean: *Die Druiden*. München: Dianus-Trikont 1985.
Neumann, Erich: *Das Kind*. Zürich: Rhein 1963.
Weinrib, Estelle: *Images of the self*. Boston, MA: Sigo Press 1983.

Worterklärungen

Aktive Imagination
Die *aktive* Imagination unterscheidet sich von der passiven darin, daß der Imaginierende mit seinem bewußten Ich *aktiv* in eine Auseinandersetzung tritt mit den Figuren seiner aus dem Unbewußten aufsteigenden Imagination. Es entsteht ein Dialog oder eine Konfrontation zwischen dem bewußten Ich und den mehr oder weniger unbewußten, inneren Figuren, was einerseits sehr schwierig auszuhalten ist, andererseits aber die Möglichkeit einer sehr intensiven Begegnung mit dem Unbewußten und einer großen Bewußtseinserweiterung in sich birgt. Die Methode der aktiven Imagination erfordert ein gefestigtes Ich.

(Zu »Aktive Imagination« siehe auch: Hannah, Barbara: *Begegnungen mit der Seele*. München: Kösel 1985, und Kast, Verena: *Imagination als Raum der Freiheit*. Olten/Freiburg i.Br.: Walter 1988.)

Amplifikation
Darunter versteht man das Anreichern der auftretenden Symbole und Bilder in Träumen und Imaginationen durch assoziatives und analoges Material.

Archetyp und archetypisches Bild
Unter Archetypen versteht man dynamische Kernelemente in der menschlichen Psyche, die einerseits dem Menschen strukturell angeboren, andererseits durch Lebenserfahrung erworben scheinen. Sie sind unter anderem die Erzeuger gleichartiger oder ähnlicher symbolischer Bilder im Geist der verschiedensten Völker und Kulturen. Die Archetypen an sich sind unansehnlich und bewußtseinsunfähig, aber ihre Wirkung auf die menschliche Psyche zeigt sich in der unerschöpflichen Vielfalt von persönlichen und kollektiven *archetypischen Bilder*.

Das archetypische Bild ist das persönliche oder kollektive Bild, das sich unter dem Einfluß der archetypischen Energie im Individuum oder Kollektiv formt. Da das seelische Leben in dauernder Bewegung ist, sind auch die archetypischen Bilder nicht ein für allemal fest geformt, sondern verändern und entwickeln sich mit der Veränderung und Entwicklung des Menschen. »Man darf sich keinen Augenblick der Illusion hingeben, ein Archetyp könne schließlich erklärt und damit erledigt werden. Auch der beste Erklärungsversuch ist nichts anderes als eine mehr oder weniger geglückte Übersetzung in eine andere Bildsprache.« (Jung, C. G.: *Gs.W.* Bd.9/1. Olten/Freiburg i.Br.: Walter 1976, S. 174)

Assoziationsexperiment
Das Assoziationsexperiment ist eine tiefenpsychologische Testmethode zur Feststellung von Komplexen mit Hilfe der Messung der Reaktionszeiten und der verbalen und nonverbalen Antworten und Reaktionen auf die gegebenen Reizworte.

Extraversion
»Extraversion heißt Auswärtswendung der psychischen Energie. Jemand, der sich in einem extravertierten Zustand befindet, denkt fühlt und handelt in bezug auf das Objekt. Die Extraversion ist daher

gewissermaßen eine Hinausverlegung des Interesses aus dem Subjekt auf das Objekt. Es ist von einer *aktiven* Extraversion zu sprechen, wenn diese absichtlich gewollt ist, und von einer passiven Extraversion, wenn das Objekt diese erzwingt, d. h. von sich aus das Interesse des Subjekts anzieht.

Ist der Zustand der Extraversion habituell, so entsteht daraus der *extravertierte Typus*.« (Jung, C.G.: *Gs.W.* Bd. 6. Olten/Freiburg i.Br.: Walter 1960, S. 467)

Hirnhemisphäre, linke und rechte
Die linke Hirnhemisphäre wirkt sich auf die rechte Körperhälfte aus, die rechte auf die linke Körperhälfte. Typische Eigenschaften und Funktionsweisen:

Linke Hirnhälfte:	Rechte Hirnhälfte:
Verbal	Nonverbal
Rational	Nichtrational
Logisch	Intuitiv
Linear	Ganzheitlich
Analytisch	Synthetisch
Abstrakt	Konkret
zeitlich, nacheinander	Bildhaftes Vorstellungsvermögen
Verbindung zum Bewußtsein	Wenig Verbindung zum Bewußtsein
	Verbindung über corpus callosum zur linken Hälfte
	Dominierend bei der Verarbeitung von Emotionen.

Individuation
»Die Individuation ist das zentrale Konzept der Jungschen (Analytischen) Psychologie. Darunter wird ein Selbstwerdungsprozeß verstanden, der den einzelnen zur Realisation größtmöglicher Fülle der in ihm angelegten Möglichkeitem führt. Individuation heißt nicht egoistische Selbstverwirklichung, im Gegenteil, sie verbindet den Menschen mit seiner Tiefenschicht und läßt ihn die Vernetzung mit sozio-kulturellen Bezügen ernst nehmen. Der Prozeß geht einher mit zunehmender

Bewußtwerdung über sich, die Welt und die diesbezüglichen Wechselwirkungen.

C. G. Jung, der das Leben als einen ständigen Prozeß auffaßte, der je und je Reifungs- und Anpassungsschritte verlangt, hat die menschliche Psyche unter verschiedenen Aspekten gesehen und entsprechend konzeptualisiert. Aus dieser Sicht ist der einzelne immer mehr als sein bewußtes Ich. Sich seiner unbewußten Anteile bewußt zu werden und sie allmählich zu integrieren, bedeutet den Forderungen der Individuation gerecht werden, heißt aber auch sein Leben final als auf ein immer noch zu Werdendes auszurichten.« (Asper, Kathrin: *Verlassenheit und Selbstentfremdung*. Olten/Freiburg i.Br.: Walter 1987)

Inflation
Wird eine Persönlichkeit durch Identifikation mit einer übergeordneten Persönlichkeit oder mit einem Archetyp über ihre individuellen Grenzen hinaus ausgedehnt, entsteht eine Inflation, eine Art Aufgeblasenheit, die nicht der Realität entspricht.

Introversion
»Introversion heißt Einwärtsbewegung der psychischen Energie. Das Interesse bewegt sich nicht zum Objekt, sondern zieht sich davor zurück auf das Subjekt. Jemand, der introvertiert eingestellt ist, denkt fühlt und handelt in einer Art und Weise, die deutlich erkennen läßt, daß in erster Linie das Subjekt motivierend ist, während dem Objekt ein sekundärer Wert zukommt. Die Introversion ist *aktiv*, wenn das Subjekt eine gewisse Abschließung gegenüber dem Objekt *will*, *passiv*, wenn das Subjekt nicht imstande ist, die vom Objekt zurückströmende Energie wieder auf das Objekt zurückzubringen. Ist die Introversion habituell, so spricht man von einem *introvertierten Typus*.« (Jung, C.G.: *Gs.W.* Bd. 6. Olten/Freiburg i.Br.: Walter 1960, S. 80)

Progression und Regression der psychischen Energie
Unter Progression ist das Vorwärtsfließen der psychischen Energie zu verstehen, das zur immer wieder von neuem notwendigen Anpassung an die Bedingungen der Außenwelt führt. Die Regression bedeutet hingegen ein Zurückfließen der psychischen Energie nach innen zur

Anpassung des Menschen an die Bedingungen seiner Innenwelt. Bei der Regression werden meistens entwicklungsmäßig zurückliegende, verdrängte oder bis dahin im Unbewußten »schlummernde« Inhalte der Psyche aktiviert oder reaktiviert, was dann bei der nachfolgenden Progression der Energie zu einem Entwicklungsfortschritt führt. Grundsätzlich ist aber die Progression und Regression der psychischen Energie als eine wechselweise Belebung der Außenwelt und der Innenwelt zu betrachten und nicht zu verwechseln mit Entwicklungsfortschritt und -rückschritt.

Projektion
»Die Projektion ist ein unbewußter, automatischer Vorgang, durch welchen sich ein dem Subjekt unbewußter Inhalt auf ein Objekt überträgt, wodurch dieser erscheint, als ob er dem Objekt zugehöre. Die Projektion hört dagegen i.a. in dem Augenblick auf, in dem sie bewußt wird, das heißt wenn der Inhalt als dem Subjekt zugehörig gesehen wird.« (Jung, C.G.: *Gs.W.* Bd. 9/1. Olten/Freiburg i.Br.: Walter 1976, S. 7 5, siehe auch von Franz, M.-L.: *Spiegelungen der Seele*. München: Kösel 1988, S. 9ff.)

Schatten
Unter dem Schatten versteht die Analytische Psychologie die persönlichen und kollektiven psychischen Anteile, die infolge ihrer Unvereinbarkeit mit der bewußt gewählten Lebensform nicht gelebt werden, meist verdrängt, dunkel und unentwickelt sind. Der Schatten kann sowohl negative als auch positive Inhalte umfassen.

Selbst
Unter dem Selbst versteht die Analytische Psychologie den zentralen Archetyp der Einheit und Ganzheit der Gesamtpersönlichkeit, die dem bewußten Ich übergeordnet ist. Das Selbst umfaßt Bewußtes und Unbewußtes, Erfahrbares und Unerfahrbares, bzw. noch nicht Erfahrenes. Das Selbst ist der Archetyp der Ordnung, gleichzeitig geht auch eine anordnende Wirkung auf die Psyche von ihm aus.

»Das Selbst ist die psycho-biologische Ganzheit, welche die Entwicklung der Lebenszyklen steuert, und ist zugleich Ziel des Individuationsprozesses, insofern sich der Einzelne seinen Entfaltungsimpulsen hingibt und sich nicht davor verschließt, sich im Sinne der Ganzheit zu entwickeln. Zu dieser Ganzheit gehört ganz wesentlich der religiöse Bezug, und so versteht Jung das Selbst als Bild Gottes in der Seele und als psychisches Organ zu Wahrnehmung des Göttlichen und Ewigen.« (Asper, Kathrin: *Verlassenheit und Selbstentfremdung*. Olten/Freiburg i.Br.: Walter 1987, S. 17)

Empirisch stellt sich das Selbst in Gestaltungen, Träumen, Mythen und Märchen dar als »übergeordnete Persönlichkeit«, z. B. als König oder Königin, Held oder Heldin, Heiland, oder als Kreis, Quadrat, Mandala, Kreuz oder dem Tao als dem Zusammenspiel der Gegensätze Yin und Yang.

Symbol

Das Symbol verbindet die greifbare, dingliche Welt mit der seelisch-geistigen Welt. Die Dinge unserer Umwelt, unsere Handlungen, die Erscheinungen, die wir wahrnehmen, haben über ihre vordergründige Bedeutung, ihren unmittelbar erkennbaren Zweck hinaus, noch einen spirituellen Sinn, der uns mehr oder weniger bewußt ist. Das Symbol verbindet immer materielle und spirituelle, bewußte und unbewußte Aspekte einer Erscheinung zu einer Ganzheit.

»Das Symbol setzt immer voraus, daß der gewählte Ausdruck die bestmögliche Bezeichnung oder Formel für einen relativ unbekannten, jedoch als vorhanden erkannten oder geforderten Tatbestand sei.« (Jung, C. G.: *Gs.W.* Bd. 6. Olten/Freiburg i.Br.: Walter 1960, S. 515)

Übergangsriten

Der Übergang von einem Lebensabschnitt in den anderen bringt mehr oder weniger schwierig zu bewältigende Veränderungen mit sich, die durch sogenannte Übergangsriten hilfreich unterstützt und geordnet werden. Die wichtigsten Übergänge sind Geburt, Hochzeit, Tod und die verschiedenen Initiationen, z. B. in eine andere Altersklasse, in eine Berufsgattung oder einen Kultbund. Für die therapeutische Arbeit mit Kindern und Jugendlichen sind besonders die Initiationsriten wichtig, die den Übergang vom Kindes- zum Erwachsenenalter regeln.

Diese Übergangsrituale haben immer dieselbe Struktur: Nach den

Riten der Trennung, die das Individuum aus seinem früheren Lebensabschnitt herauslösen, erfolgt eine mehr oder weniger lange Übergangszeit. In dieser Zeit ist der Mensch besonders gefährdet, da er sozusagen »unbehaust« ist. Durch die Riten der Einfügung wird er dann in den neuen Lebensabschnitt integriert, der immer auch mit einer neuen sozialen Rolle verbunden ist.

Übertragung und Gegenübertragung
Das Phänomen der Übertragung entsteht, wenn der Analysand im Laufe der Behandlung seinen Analytiker oder seine Analytikerin als böse oder allzeit liebevolle Mutter, als strengen Vater oder allwissenden Halbgott u.a.m. erfährt. Auch der Analytiker kann seinen Analysanden im positiven oder negativen Sinne verkennen: dieses Phänomen nennt man die Gegenübertragung. Im Laufe der Analyse wird die Verwandlung von Übertragung und Gegenübertragung in eine realitätsbezogene, gegenseitige Beziehung angestrebt, in der jeder die eigenen und die Möglichkeiten und Grenzen des anderen erkennt. (zu Übertragung und Gegenübertragung siehe: Jacoby, M.: *Psychotherapeuten sind auch Menschen*. Olten/Freiburg i.Br.: Walter 1987)

Vierheit
Die Vierheit oder Quaternität entspricht einem Prinzip der Ordnung und der Ganzheit. Man nennt die vier Himmelsrichtungen, um die Ganzheit des Horizontes zu bezeichnen oder sich auf der Erde zu orientieren. Eine Ganzheit drücken z. B. auch die vier Elemente aus, die vier Jahreszeiten, in der Analytischen Psychologie die vier psychologischen Funktionen: Empfindung, Denken, Fühlen und Intuition.

Register